献给

我的家人

法治的追问

Queries
on the Rule of Law

基层司法观察笔记

赵耀彤 著

中国法制出版社
CHINA LEGAL PUBLISHING HOUSE

代序

制度角色的便宜

赵耀彤法官把即出的书稿发给我，希望我给他写个序。

他是中国最基层法院的法官，每年都审不少案件。他先后审理行政、刑事案件，如今审理民事案件；在基层法院，调解自然也跑不了。这本书中凝聚了他作为法官的一些真切经验。看得出，那只能来自长期审理各种不同类型案件后的突然觉悟，有时甚至挑战了过分相信文字的法律人口中欢快流淌的法治正确。例如，他说“良心”，其实是基于相关证据对精细微妙事实的“心证”，是一种无以言表的“知”，而不是——有时甚至要避免——判决书中的文字论证，[1] 追求那种所谓的“看得

① “加快裁判文书的改革步伐……改革的重点是加强对质证中有争议证据的分析、认证，增强判决的说理性……”参见《人民法院五年改革纲要》，载《中华人民共和国最高人民法院公报》1999 年第 6 期，第 186-187 页。

见的正义”（《良心是靠得住的》）。其实这正是司法亲历性的产物，只能靠法官从听审中自主得出。也恰恰因为是法官，他就得听还要能听得进各方唠叨，才能以更为审慎的却因此很容易令检察官、各方律师和公众都不满意的立场，对社会上的热点法律案件或涉法事件做出讲理的分析。即便有时改变不了太多现实，却可能令一些语词改革者扫兴。例如，他对颇受责难的“命案必破”的经验理解和务实分析（《“命案必破”导致冤假错案？》），对念斌被宣判无罪后的那一份多余的担忧（《正义的跨越与潘多拉魔盒》）都很容易被人挑剔。不仅如此，长期的一审经验决定了他有别于其他各类法律人包括（更多法律审的）二审法官的经验。例如，他对判决书论证——尤其有关事实——之局限的分析（《逻辑、经验与陪审团》），对“辨法析理”的意义都有所保留（《司法权威不能用法官的血肉铸就》）。甚至，因为他的分析，你就不只是从众所周知的犯罪、邪恶、欺骗和腐败中，甚至能从一个人全然由衷的善良行为中，看到中国法治面对的复杂，以及他的五味杂陈：一位胜诉当事人一直没来领判决书，就因在家反复开会讨论该买些什么来感谢这位给了她公正判决的法官（《最难拒绝的贿赂》）。

他也担任了多年基层法院的副院长。因此他还多了一些普通法官不必须有、还容易受法学人质疑、看低的法院行政管理经验。针对社会上的无端猜测，他分析了中青年法官辞职的问题（《法官辞职原因初探》）。他还完整呈现了被人剪截的20世纪80年代的老段子：“大盖帽，两头翘，吃了原告吃被告；原告被告都吃完，该是几年还几年。”可能有人认为这会掩盖司法不公。其实，他指出了外人不易看到却需要全社会持久警惕的腐败：

> 公正合法的司法产品并不就意味着腐败机会的完全丧失，它还会在以下场合见缝插针，例如：司法人员在法律给定的范围内仍然享有对当事人的“合法”伤害权，如拖延查封财产的后果可能就是当事人最终只能得到一个判断；行贿人对司法人员的权力有过高的预期，如他可能期望法官收受贿赂以后给他不争气的儿子判处缓刑，然而法官最终只是在法定范围内适度从轻；行贿人出于一种假想防卫的心理，仅仅是为了防止法官对自己的不法伤害而行贿。这些情形下的腐败从表面看都无害于司法产品的公正合法，因而它能够给腐败提供一层保护色而让品行不端者安心收受贿赂……
>
> ——《琵琶半遮的司法腐败》

《我的民事处女审》一文则透出了有人会想到、也能理解，却不大会有人关注但很有意思的问题：法官司法技能发生的制度条件。初次审理民事案件，他没有使用他熟悉的刑事或行政案件审理经验，强调“威严”；他挪用了作为副院长的接访经验——“和蔼可亲”，最终却发现，民事审判那也是审判！我相信但凡有过三五年审判经验的法官，不同程度地，都会有与他类似的经验，但“日用而不知”，因为这太普通了，也太普遍了。赵耀彤法官也是于无心中透出了这一点。

这一点本身不重要。但挑明这一点很重要。第一，法官的司法知识技能，有别于法学知识或论文写作的技能，真的是来源于司法实践，而不会来自像我这样待在校园甚至有社交恐惧的老师。进而，这意味着，司法知识就不等同于法学或法律知识，最多只有某些重叠。那些不重叠的，就是只有司法尤其是审判实践才可能催生创造的鲜活、生动有用的司法的知识和技能，无法完全凝固于文字，需要适度的口耳相传和身体力行。在任何不全靠智力得讲点手艺的行当都有这一部分，单靠法学院内苦思冥想、琢磨文字、翻译抄书、案例教学甚或偶尔的田野访谈很难补足。这意味着，法官、检察官、律师以及其他实务法律人可能、也应当为当代中国的法学研究和法学教育更多输送“日用而不知”却有可能通过文字或视频略有传递的法律知识和技能（仍有许多还不可能通过文字甚或视频有效传递，只能留给各种形式的在岗培训和法律实践），使中国的法学研究和法学教育更饱满起来，自然地透出中国特色。

在一直更强调同世界接轨的中国法学界，讲中国特色，这是自找没趣，甚至找骂。而且既然都说了“自然地透出”，还有必要提中国特色吗？需要。赵耀彤法官的文字已表明，尽管还有待更多更深入的分析讨论，有些结论我也会有保留，但中国司法实践中真的有许多很有意思的问题，甚至就是广义的法学和司法研究的空白。有的看起来只是重申了昔日的甚至是普世的经验，如前面提及的“良心”，其实就是“自由心证”或“自由裁量”。但这是在当代中国，“自由心证”和“自由裁量”是不大听得到的，能听到的更多是“严格依法”“加强论证”“看得见的正义”以及“把权力关进制度的笼子”这类确实必要也正确的制度和规范要求。这两种潜在冲突但一个都不能少的规范，如何通过中国每个法官的日常审判来有分寸地落实，还能总体上得到中国人民的广泛认可？诸如此类的问题，还真不是学者或法学院在办公室写写文件或文章就能搞定的。一定需要法官、检察官和律师的精细拿捏，甚至在审慎试错的社会实践中，才能把以文字（条文、教义）中心的法学变成一定是以实践为中心的见效的法学。

中国也确实有许多经验还未有生动有效的表达。中国人口众多，案件自然更多，为有效满足社会的需求，每个法院自然有数量众多甚至庞大的法官和各类辅助人员。我查了查，全国目前人员最多的基层法院浦东新区法院，现有人员编制 961 人，在编干警 905 名，其中入额法官 333 名，法官助理 312 名，书记员 44 名，司法行政等辅助人员 216 名；另有辅助文员 190 名；[①] 总共将近 1100 人。是的，司法独立，甚至法官独立。但独立是什么意思？让法官各自在家审案子？不用书记员，也不用助理法官，不用陪审法官，就一位法官自己审和判？那些贪腐或徇私的甚至徇私不枉法的法官难道真的如一些学者习惯所言，是因为他作为法官不独立吗？在我看来，他所以能收受贿赂时或接受其他非货币收益，恰恰因为他是独立的，无所顾忌，甚或心存侥幸；总之他或她更少可能是伙同或串通或受命他人共同收受，因为这种事见不得阳光，也见不得人。如果以上（以及其他）事实为真，法院内部就一定要有组织管理问题，即便

① 上海市浦东新区人民法院网，http://pdfy.gov.cn/fyjs/fyjsIndex。

组织管理一定会以各种方式影响法官的职业行为。而人员越多，行政管理的工作越麻烦，因为牵扯到的人更多，需要协调、配合、交流和报告。此外，要保证任何法院内众多法官或其他人员有序更替接班，要激励他们在法院职能工作中有效分工配合，就还有退休、遴选、培训、调配、选任、晋升、奖惩和监督之类的问题，还有生活、待遇甚至住房问题。所有这些都是司法制度的成本/代价，但零成本不可能，重要的是收益大于成本，重要的是比较和实现不同制度安排的最大收益，管理的意义就在这里。院长、副院长最重要的职责因此一定不是自己审判，就像任正非的职责不是亲自设计5G，就像今天军队哪怕连长的职责也不再是高呼“跟我上”。法院当然是以审判为中心，但院长、副院长则一定得以管理为中心才能保证实现以审判为中心。[①] 然而，除了法官遴选还可能抄点外国书外，其他问题在当

---

① 从总体看，这不是坏事，而是现代社会的必然。不仅政府部门，事实上所有企业、事业单位也纷纷采取了科层管理体制。韦伯最重要的理论贡献之一就是系统分析展示了科层化官僚制度的优点和社会历史必然性。请看韦伯：《经济与社会》（卷2上），阎克文译，上海世纪出版集团2010年版，第11章。

世界各国的法院系统都不可能置身其外。由于普通法传统，也受制于1787年宪法，当年的美国联邦法官没有助手，最多一个打字员，其司法在历史上确实是法官独立。但这种情况已有很大变化。在过去的一个世纪中，每位法官的助理（clerks）以及其他辅助人员都大大增加了。“随着（**下转**）

下中国法学院的研究中基本都是空白，你从哪儿抄“党组”“政治部”“纪检组”“审管办”“政研室”“立案庭”“执行局”“装备科/处”，等等？因为，法学院教授的职责是教书和研究，不容易看到和看懂管理事务。他们更关心法律问题，不仅那与教授们的晋升、评奖和学术声誉及地位直接相关，也因为教授们没能力了解法院内部的组织管理问题。因为他们接触不到法院管理，但也因为，世界各地法学院的学者，都没有有关法院组织管理的专著，因此想抄也没地儿抄，不像部门法理论，尤其是德日的，抄起来顺溜，毫无违和感。这意味着，基于审判和法院管理实践的研究，不仅重要，不仅不可或缺。但，在我看来，几乎无人可能替代有丰富审判和管理经验的法官来察觉、辨识并有效表达出中国法官的那些往往“日用而不知”的法官审判和法院管理的经验和智慧。这只可能主要来自法院内的有心人，

(上接)法官的工作人员增多，等级化也增加了；而随着等级化的增加，……[每个]法官日益把自己的角色界定为管理者。上诉法院法官工作的管理者模式已经发展到了极端”。随着从来坚持自己独立撰写每一份判决书的波斯纳法官三年前宣布退休，如今美国联邦法院系统已不再有这种亲力亲为的法官了，或多或少地，都成了某种形式的管理者的法官了。这不是个人努力或天赋可能改变的。可参看波斯纳:《司法反思录》，苏力译，北京大学出版社 2014 年版，第 273 页。

无论他是院长还是法官，无论位于审管办/政研室，还是位于业务庭。

赵耀彤法官占了角色的便宜。但也并非只要有了这个角色，在这个庞大司法体制中的这个几乎最底层，就一定能占上这个便宜。从文中透出的阅读来看，赵耀彤法官确实生性有很强的智识偏好，不只是爱思考，而且爱反思——甚至有点自恋，即他说的“我执太重”（《后记 半途列炮》）。这也表现在他对几部涉法电影的细致分析。《〈我不是潘金莲〉在说什么？》一文是我看过的对该电影最独到的分析，只有拥有长期基层司法并有处理涉诉上访经验的人，还必须有智识偏好的，才会用如此冷酷的视角切入这部令观众笑声不断的电影。此书第三编还有几篇文字是他作为法律实务部门人才依据国家“双千计划”在高校法学院任教的记录，也看得出他对学生的真诚。但我认为这都不重要。重要的是，如他自己所说的，长期的法院问题应对，已让他下意识地养成了后果导向（更多的是恶果避免）的思维方式，总是考虑到现实生活中最坏的结果，对词汇甚至一些基本的概念却并没有多少兴趣深究，他坦承自己的根已扎在工作更忙更累的基层法院（《根已经扎在那里》）。虽然喜爱读书写作，他还是坚守审判一线，这就令他成功地拒绝成为法院系统内必不可少但不得不更多替他人捉刀或整理汇编案例的研究者，一个不大允许用自己的语言表达的人。对于反腐问题，例如，官方表达一直是“强化不敢腐的震慑，扎牢不能腐的笼子，增强不想腐的自觉”。这种从上到下始终如一的政策表述对科层制很有必要：节省信息交易费用，防止交流杂音，但不太便于与其他读者生动交流。赵耀彤提出了“恐惧型清廉”“功利型清廉”以及“自恋型清廉”的分类，找到了自己的表达，就多了一份学术意味。

但在我看来，还有一个更重要的因素：他也不想当学者型法官。他可能早看明白了，起码得高级法院庭长以上的法官才配有这个名头，还得有个博士学位或博士后经历。这他都没有，但他不在意。他只是思考和写作而已，基于自己的真切感受。他也不大在意学术包装，在意发表，却不在意是否 C 刊。一直在审判一线，没必要拽太多外国人名，或用一知半解的外国知识来装点，更无须用“实现正义，哪怕天塌下来”之类的口号来表示自己对法治事业的忠诚。当自觉舍弃了这一切虚饰之后，就剩下他“自己的亲历、体验和观察，……自己的反观内照，把自己不断自省追问的东西都借着写作吐了出来”（《后记半途列炮》）。他有了他自己的文字——那可不是，是个学人就能有的。

感谢赵耀彤法官呈现了中国司法中的一些“日用而不知”。我了解到了一些本来不知道，甚至不可能知道的东西！

我很开心。包括写这篇文字。

苏力

2020 年 5 月 11 日于北大法学院陈明楼

目　录

Contents

法院・法官

法治・社会

心灵·成长

法院·法官

“每个人总是写他所能写的，而不是他想写的东西。”我常常在很多驾驭不了的题目面前感到心有余而力不足，也就常常体会到博尔赫斯讲这句话时那种“求不得”的惆怅。但我也常常感到庆幸，因为正如苏力所言，我“占了制度角色的便宜”。无论是法院场景还是法官身份，都给了我体验式的内部观察视角，都激荡了我澎湃的写作愿望。我能写这些事情，而且我也想写这些事情。

根已经扎在那里*

在学校待的时间越长，身上的烟霞气也就越多。就算称不上懒散，大约也能算得上是率性。兴致一上来，可以一夜不睡，也可以偃卧一天，这可是在法院无法想象的适意舒畅。更何况学生身上蓬勃昂扬的朝气，永远处于阳平声调的问候，脸上洋溢着的灿烂，眼睛里饱含着的尊敬，每次都在我心里激荡起欣喜以至于感恩呢？我爱这学校里的简单、率真以及正是由于简单和率真才会有的阳光美好——我喜欢这里的一切。

然而我清楚地知道，我还是会回去，还是要回去的。纵然

---

* 2015 年，按照中央政法委与教育部的“双千计划”安排，笔者到聊城大学法学院挂职一年。挂职期间，《中国法律评论》的袁方主编向笔者及其他几名法官约稿，让我们写出自己在法院坚守的理由，遂有此文。收入本书时有修改。

一想到法院，一股子虽不清晰却很洪大的，夹杂着窝囊、挫败、愤懑、厌恶等诸多负面感觉的浑流就立刻从四面包裹过来，让我心里很不舒服以至于难以呼吸，我也清楚地知道，我是要回去的。因为我的魂魄已经法院化了，我的根已经长在那里、已经扎在那里了。

这么多年来，自己多多少少读了一些书，有了一点知识积累，在学校里如果认真教书的话，未必会被同学们鄙视——我可以和同学们“打成一片”。但我依然深切地体验到法院和法学院的不同。即使身处法学院，我就站在同学们面前，心里也时不时会冒上一股子隔离感。仿佛我们之间隔着一层有弹性的毛玻璃，把我与它分开。每每想用心用力打破这种隔离，可我往前闯入的劲儿越大，它给我的反弹也越多。这让我懂得：有些美好，你是只能目视而不能融入的。长期的法院问题应对，已经让我下意识地养成了后果导向（更多的是恶果避免）的思维方式，我总是考虑到现实生活中最坏的结果，对词汇甚至一些基本的概念却并没有多少兴趣深究。我也不愿意坚持一种教条主义式的法治纯粹，每当看到课本上那些被当作重要基础的概念定义时，我总是想一句话跳过去，告诉自己它们在审判实践里面没多大用处从而不愿理它们。这些都注定了我的课堂只能在扩充学生视野、技能培养方面有些用处，我无法真正为同学们打下安身立命的根本。坦率地说，在学校，我只能是个业余选手，这让我感到惭愧。而且，现实主义者很难不染上的悲观情绪，很难免除的妥协绥靖的乡愿，都下意识地在我的言谈举止中释放出来。尽管我讨厌这种陈腐气息而努力避免，但它恐怕还是对同学们产生了不大好的影响。而我内心深处还是希望同学们在他们灿烂的季节里遇到更多的阳光。生活中不能没有苦涩的滋味，药都是苦的，但苦毕竟不是它的本质，我这样的“苦”，还是知趣一些，离同学们远一些比较好。

法院的工作是苦，基层法院的工作显然还要更苦一些。在构思这篇文章的过程中，我约了几名老法官餐叙，想从他们身上找到点灵感，启发我写出更多坚守的理由，然而最终还是变成了叹息和无奈的“吐槽”会。言语的音波一阵一阵地把外边的雾霾送到我的胸腔，心理的沉重诱发出生理的疼痛，整个人都变得晦暗沉重起来。说实话，挂职以后，我当然不是体会不到、不是忘记了兄弟们的难处，但已经有了几分距离产生的麻木。当它们又一次径直来到我的面前时，蛰伏的情绪就有点爆发，脑子里的念头只剩下一个字：烦。求生是本能，求舒服同样也是，在“烦”念面前，我本能地想到了逃避。

但就是这一念之“逃”，却突然给了我犀利的一击，让我看到了自己身上的懦弱和“小”来。“赵耀彤，你的担当何在呢？！”我不知道这声棒喝来自哪里，不知道是造物还是超我，但它已经让我无地自容心生羞愧。

正直与勇敢是柏拉图昭示的美德，难道我只会在书斋里臆想我的正直吗？难道我就没有勇气把它展示给人吗？“保国者，其君其臣肉食者谋之；保天下者，匹夫之贱与有责焉耳矣！”如今的天下，已经不再是顾夫子那时候的伦理纲常，而是——至少应当包括——法治的天下。那些用侮辱、谩骂、威胁甚至磕头、自残手段对法官进行情感绑架的人，那些为这些现象叫好、压缩法官思考空间的人，那些拿这些现象说事儿、盘剥法官生存空间的人，不正是法治的障碍，是“法天下”的破坏者吗？在他们面前，难道我只能失掉勇气，只剩下清高？我这样的匹夫，就没有了责任？我无法接受这样的自己。法治不是请客吃饭，不是索引钩玄，它不是构思设计出来的，它是脚踏实地干出来的，是在跟一切不法治的现象作斗争的过程中一点一滴积累起来的，它需要担当、需要勇气。

我不能逃避，如果我还想让我看得起自己。

流行歌里面有很多漂亮的句子，却较少有道理，因为它需要的是想象而不是逻辑。但歌手刀郎的这句“就算生活/给我无尽的苦痛折磨/我还是觉得幸福更多”却是美丽与逻辑兼具。它的道理在于：感觉生活中幸福更多，并非纯粹是认知模式的变化，不仅仅是转识成智的自我说服，更是因为生活中“好”的事情从概率上说就是多于“坏”的事情，只不过平时我们把注意力更多地集中在坏事上面，拿好事习以为常罢了。

生活如此，法院工作也是如此。法院工作的确有上面说的苦涩无奈，但大多时候还是能给人收获的喜悦。我们不能一叶障目，不见泰山。一个法院假如每年处理一万起案子，棘手的、难缠的、闹腾的案子能有几百？把眼光老是盯在这几百件案子上，不但会夸大社会对抗程度，而且会不必要地影响自己的心情。我们应该坦率地承认，在大部分或者说绝大部分案件的审理执行过程中，还是能够获得成就感、满足感甚至尊严感的。群众里面是有尾巴分子，可他们毕竟还是少数。

何况就我本人的体会而言，法院给予我的还不仅仅是这些，它在好多方面超拔了我的人格。我也清楚地知道，这种超拔如果离开法院，恐怕就荡然无存。工作 20 年来，最为自恋的东西就是我的操守，矫情地说就是清廉，而它不过就是彻底的不要人家东西，靠工资吃饭。这在其他行业都是再正常不过的事情，却让我无本万利地收获了好名声，我自己也常常因为这个而自鸣得意。而这实在是没有付出什么，我的生活水平没有为此下降些许，我没有为之付出任何东西，最多就是拒绝贿赂的时候费些口舌。如果换做其他行业，清廉就不会有这么多意义，也不能给我带来清誉。这 20 年的积累就会变得没有意义，这会让我感到可惜。而且，我还切实地不止一次地真的体验到的“廉威”呢？在我能辐射到的范围内，在我这座小城的法律圈子里，它大概已经成了我撕不下去的品牌，它是我唯一真正自信的东西。我抗颜“犯二”靠的是它，横眉冷对靠的也是它，如果离开这个岗位，这种威严感恐怕就永远成了回忆。

我是一个对自己的智力有客观评价的人，我知道自己很笨，这也是老婆孩子反复告诉我的真理。所以听到有人夸我聪明的时候，我总是会心地领悟到人家不过是在安慰我而已。这辈子第一个说我聪明的人是本谦[①]，我当时非常高兴但并没有得意，

---

① 桑本谦，男，汉族，山东济南人，中国海洋大学“繁荣工程”第二层次特聘教授，博士生导师，法学博士。主要研究领域为法理学、法律经济学和刑事法律制度。曾任教于山东大学（威海）法学院和山东大学法学院。2005 年、2008 年分别破格晋升副教授、教授，现任中国海洋大学法学院院长。

因为我不但怀疑而且确信他这只是因为吃了聊城熏鸡之后对我说的客气话，当不得真。他是如此聪明又怎会不知道“聪明”的评价对一个愚钝者的意义？可后来有一天，他突然告诉我苏力老师夸我聪明，我就很震撼而且激动了，因为朱老师的确没有吃聊城的熏鸡，而且朱老师那时也不认识我，他这么说一定有他的道理。这个道理我想了很久才突然明白。

朱老师的评价是基于我写的东西，而我的文字是什么水准自己心里有数。能力决定了我只能在文字里保持诚实，做最坦诚的描述，即便被批评为失真那肯定也是因为自己的观察能力而不是态度，我致力于最诚实的描述。我并没有多少功力对观察到的现象做更多的分析。也许正是这种诚实描述让朱老师把我这么一个智商平平的家伙评价为“聪明”吧？而我的描述如果不是来自法院长期的生活，又能来自哪里呢？而且，如果不是把描述的目光定向为法院，我还能写出什么东西来呢？又怎么会被人夸为聪明呢？被一位学术臻于化境的偶像级大师评价为聪明，这对我人生的后半场就是灿烂的阳光，奠定我对自己的智力自信，对此我满怀感恩。在感谢朱老师之外，若不感谢法院为我提供的经验、观察，我又能感谢谁呢？要知道离开法院仅仅几个月，我已经觉得没有多少东西触动灵感，没有多少不平点燃激情，没有什么好写、可写了。换句话说，就是已经越来越笨了。

是的，我会回去。那是我生存与战斗的地方。我不允许我自己逃避，我要看到我的勇气。

我的根已经扎在那里，已经深深地扎在那里了，深深地扎在那片并不丰腴肥沃、充满碎石沙砾、会给我感动更会让我感到疼痛的土地里了。

法官辞职原因初探*

毋庸讳言，法官辞职已经有了较明显的上升趋势，这让以提高法官职业保障、吸引更多优秀人才到体制内为初衷之一的司法改革显得有些尴尬。就算不承认是司法改革激励了法官辞职，我们却不能否认二者在时间上的高度相关。并且，在网络上流传的一些地方公务员招考的截屏也显示，很多基层法院甚至一度是万里挑一的基层法院，几乎没有人报名，这是从没有过的事情。管理层紧张起来，因为他们心里清楚无论制度怎么设计，活儿总是要有人干，而现在的确是出现了员工荒。率先

---

* 本文写作于2015年春天，收入本书时有修改。当时作为司法责任制改革重要组成部分的员额制改革尚未推开，有些法官选择了离开法院。坊间对法官辞职的原因有不少说法，本文在分析这些说法的基础上给出了笔者自己的观察。

体验到这一点的基层司法管理层坐不住了，有些地方在使用传统的精神激励法的同时，更进一步出台了在《公务员法》上站不住脚的严控法官辞职的决定，而没有了以往那种“缺什么也不缺干部，你走了想来的人多的是”的自信。

但这种草莽的“禁出令”除了让内部伤心、外部嘲笑之外其实不会有什么效果。法官如果铁了心想辞职，你根本拦不住。我们毕竟生活在一个改革开放 40 年的社会，人身依附与强迫控制只能是某些官僚主义者不愿破灭的幻想。如果真想把优秀人才留在体制内，而不是“你表现优秀了就允许你辞职”，必须对症下药，搞清楚病根在哪里。

法官为什么会辞职？

一

一些微信公众号推出的文章常常以直白的暗示分析说，是因为随着司法改革和反腐败的深入，法官没办法像往常一样获得腐败收益，没了腐败机会，因而选择离开。这样的文章毫无疑问会立刻激起法官们的强烈愤怒。法官的愤怒不仅仅是因为谁也不喜欢被泼上一身脏水，更是因为这种判断没有经验上的依据，在逻辑上也不能成立。

法院存在腐败现象，这是一个不需要辩解的常识。但同样存在的常识是：腐败机会在法院内部各层级、各部门之间并不一样。如果真的是因为中央彻底的反腐导致寻租机会丧失，那么辞职的法官群体应该能比较集中地彰显出部门和级别特色，然而观察并不支持这一点。辞职的法官中青年骨干、基层法官占了多数，这些人会是法院系统内部更有腐败机会的人？批评者自己恐怕都不会相信。还有，如果一个曾经腐败了的法官想逃脱法律的制裁，他只能寄希望于当事人不告发或者告发后将其摆平。而辞职显然会导致自己被揭发检举的机会增加，因为当事人再也“用不到你”了，你身上的权力光环退去了，他没有必要顾忌日后办事的不顺利而忍气吞声。同时，辞职也会导致揭发后摆平能力的下降，因为严格的廉政管理制度要求腐败分子的管理者承担相应的责任，这就对管理者帮助化解指控起到了正向激励，这种激励让腐败分子的摆平能力搭了便车。一个腐败的法官，在反腐高压态势下权衡利弊之后的“理性”策略应该是选择留在体制内，并从此谨慎、干净起来，而不会是慌里慌张地走开。

并且，虽然整个国家政治体制正在进行着一场“反腐风暴”，但观察并不显示它在法院系统已经真正开始。不知道这是中央有意为司法改革留出的时间，还是因为纪委系统实在是有更重要的腐败需要先反[①]。“反腐导致法官辞职论”是站不住脚的，它充其量是一种对法官的道德讹诈：“你不愿干了，就是你贪不着了。”与这种论调相反，我们如果在反腐与法官辞职的关系上进一步探究，甚至可以说：非但不是反腐导致法官辞职，反而是反腐力度还不足够，没有为优秀的法官“反”出更多上升的机会，从而导致青年法官对在体制内生存丧失信心。

二

与这种“道德讹诈”异曲同工的是一种传统的“高大上”解释，它从法官的奉献精神上寻求原因。也许它的表述没有那

① 本文写作于2015年，收入本书时有修改。当时，相对于整个国家猛烈的“反腐风暴”而言，司法系统的确显得风平浪静。应该说，在中央完成了监察制度改革之后，对司法系统的反腐败清理才真正开始，这时候我们从各地的反腐报道中能看到司法官员的占比明显上升。2020年7月，中央政法委召开动员会议，要在先行试点的基础上对全国政法系统来一次真正意义的“延安整风”，自此以后，对司法腐败的清除渐成摧枯拉朽之势。比如，2020年10月22日，云南省和山西省纪委几乎同时发布消息，通报了各自辖区内一名中级人民法院院长投案自首的案例。

么直白，但舌头下面的话还是能够听出来的。它强调坚守，强调法官的理想，它还树立一个个又苦又残的模范人物暗示现在给予法官的已经不少，你再要求就是贪心；它还通过对结案七八百甚至上千人物的宣传暗示，你之所以结案不够多还是因为你自己没有能力也没有努力。

这种解释可以归类到“道德盘剥”里面。太阳底下没有新鲜事，这种裹挟其实古已有之。中国古代劳动人民“四条极大的绳索”的绞杀动力之一就是这样的道义盘剥，比如耳熟能详的“饿死事小、失节事大”。体制内的管理者与体制外的批评者都会使用一些这样的工具来要求一线法官，流传较广。流传广不是因为它更有解释力，而仅仅是因为它过于简单，使用起来消耗不了太多知识储备。而且它颇能在要求别人当圣人、为菩萨行的同时，自己在自己面前表演一把圣人、菩萨，可以把自己感动得稀里哗啦，又不用付出任何代价，并且被批判“不坚定”“奉献意识差”的法官在这个问题上并没有多少辩解的余地，因为谁也不敢对抗这些伟大的词汇。

我们认为，法官当然是要有奉献精神的，是要有自己的操守和坚守的，但这种奉献和坚守都要有它的制度基础。不考虑在制度上激发法官的奉献和操守，一味用道义盘剥，以为自己既然给了法官一个“无上光荣”的称呼，就可以不考虑对法官的使用尺度，那只能说是一种严重的官僚主义态度。这种态度，可能会逼走更多的法官。

三

一种同样广为接受的解释是法官的待遇差、压力大、责任重、职业尊荣感差。不仅是离职的法官，不少在职的法官也如此吐槽他们的职业环境。如果不是故意地选择性失明，我们就该勇于承认这些解释的真实与客观。然而，事情都有两个面，这种看法的解释力似乎并不足够。

坦率地说，在整个公务员系统中，法官的工资相对来说还要稍微多一些，毕竟有着聊胜于无的法官津贴。待遇太差的主观感受来自与律师同行的对比，同样吃法律这碗饭，自己挣的跟不上人家的零头；也来自与其他技术人士的对比，比如医生、学者。这种强烈的反差让法官感到，这是对同样属于技术性脑力劳动的法官工作的不尊重，从而心理失衡。

失衡是失衡，但时下法官收入并没有进一步减少。而且，我们也应该看到，由于中央强力反腐，法官到手的工资虽然没有变化，其消费力也会相对提高。在钱变实的时候强调待遇低对法官离职的激励作用，多多少少否定了其说服力。事实上，有很多法官离开以后并没有到有更高收入机会的行业里去，反而选择了去收入更低一些的党政机关。

在一个初出茅庐的职场新人或者“何不食肉糜”的官僚主义眼里，法官的工作就是在法庭上实现以法律为代表的公平正义，他或者她也常常为这种法官理想[①]而激动战栗。然而，真正从事一线工作的法官都很清楚法官的职业环境怎么样，以及这种环境所附带的因吵闹、辱骂、讽刺、挖苦、推搡、扯拉、撒泼、网上炒作、上访等行为所激发的负能量。这的确构成了法官离职的理由，但法官职业环境的不尽如人意也不是今天才有的事情。而且，在深化改革的大背景下，最高决策层也给出了相当大的改善空间，比如与法官职业压力息息相关的信访考核制度变化，法院应对以上行为的胆气也逐渐变强了一些，无原则地息事宁人已经越来越不被看好。职业环境已经开始逐步向好，为何法官恰恰在此时压力骤增从

① 其实在笔者看来，这只是一种幻想。理想是一种对现实进行批判性改造的积极力量，而幻想只能是幻想。

而加速了离开的脚步？

有朋友与我讨论此事说，这是因为司法责任制的建立，裁判者要为司法结果终生负责，这种责任制增加了法官的压力。在笔者看来，这种望文生义的理解违背了基本事实。我们的法官从来就没有过对自己的裁判不承担责任的制度授权，裁判者应当对自己的裁判承担责任，这也是权利义务相统一这个基本正义观念的起码要求。引发关注的数起法官“蒙冤”事件都能从反面证明我们此前对法官的裁判行为（非裁判过程中的贪腐行为）有着严格的责任追究。中央在本轮司法改革过程中强调司法责任制，并不是在制度层面上加重了法官的责任负担。它与其说是对承办法官的一种责任强化，不如说是一种职业保障，因为它同时突出了对各种“打招呼”者的责任追究的态势。如果把司法责任制作为法官出走的原因，从而放缓责任制的步伐，偷着乐的肯定不会是法官。

虽然这些都构成了理由，但这些都还不够。疑问在这时出现了：这些理由为何会如此流行以至于广为接受？有没有在试图回避什么？

四

和娜拉出走一样，法官选择离开法院并非就是因为生活窘迫得过不下去。把原因归结为法官的物质待遇甚至腐败利益上面，其实是一种懒惰和逃避，是对法官需要层次的一种下意识羞辱。众所周知，尊重与自我实现是马斯洛需要层次的高级阶段，那么我们给了法官足够的尊重以及自我实现的机会了吗？

不少朋友讨论与法官有关的职业尊荣问题时，基本上都是围绕着法院的外部环境说话。笔者承认这是影响法官尊严感的重要因素，但也想提醒大家一定要注意法院和法官的区分。法院的压力不完全等于法官的压力，法院可能会在并无压力的时候“无事生非”，给法官创造相当大的压力。坦率地说，法官的压力感、受挫感更多是来自法院内部而不是法院外部，即便外部有压力也是通过法院这个小系统而成几何级倍增。

和企业一样，法院系统内部也存在员工（一线法官）与管理层之分。两者同属于法院不可缺少的部分，在很多场合有着共同的团队目标和利益诉求；但由于二者在法院系统内的地位不同，因而仍然有着统一内部的对立。比如，法官的基本义务是在诉讼法规定的时间内把纠纷处理完毕、形成判决，尽到其对法律的忠诚和对当事人的责任；但管理层却往往会要求法官们不分难易程度必须在某个时间段内结案率达到多少。案件的千差万别与考核机制的相对机械这时矛盾一直没有很好地解决，致力于消弥这对矛盾的案件难易系数划分依旧在路上。

在笔者看来，司法管理层也难逃奥卡姆剃刀的规律，多少有些异化。司法管理层设立的初衷是为一线工作服务，从而间接地为法治、为人民服务，如果管理层出于自身利益放纵这种异化，就会伤害一线法官的尊严。

于是，他们选择了离开。

五

转捩就在不经意之间。中央已经开始要求进入员额的司法管理层必须办案，而且专门提到了“不办案、少办案，挂名办案”等让同志们不服气的行为。讲话的意义绝不仅仅在于给一线法官多留出几个名额，而是让管理层亲身体验到办案是怎么一回事，让管理层转变观念，从而理解，进而尊重法官。

尊重是一切道德感的来源，也是自我实现感的基础。而且，当办案能力成为司法管理层的考察标准时，会办案的法官的上升空间也就更加广阔，他们也会觉得留下有更多的希望。

琵琶半遮的司法腐败

党的十八大以来，中央主导的全面深化改革明显地呈现出“两手抓、两手都硬”的状态：一手抓深化改革，一手抓反对腐败。而且，无论是面对既得利益者对反腐斗争的消极对抗还是质疑反扑，中央都表现出对反腐败的彻底坚定不妥协的态度。虽然尚不能说荡尽污浊，但还是呈现出了政治的清明气象，成绩巨大，民心振奋[①]。即便如此，中央的态度也不是见好就收，而是依旧强调党风廉政建设永远在路上。因为无反腐、无改革，建立在肮脏存量上的改革是不可能成功的。

多少有些吊诡的是，在作为全面深化改革重要组成部分

① 习近平总书记在十九大报告中对十八大以来的反腐败工作给予高度肯定，报告认为反腐败工作的压倒性态势已经形成。

的本轮司法改革过程中，我们无论在制度设计层面还是坊间讨论里，都较少发现对司法腐败问题的关注。当然，我们并不能说对它是完全忽视，但笔者仍旧认为，对它的这种附带性关注与司法腐败的重要程度（负面）相比还是相当不够。如果仅仅是把司法腐败问题当成司法公正问题、司法体制等问题下面的一个附带问题讨论，而不是把它当成一个独立问题认真对待，那么我们就很难让人民群众对司法工作的认可程度有大幅度提高。

二

对司法腐败的一个共识性看法就是司法腐败会影响司法公正，因而持论者往往倾向于将司法腐败问题隐藏在司法公正问题下面讨论，并顺理成章地认为如果公正问题在改革过程中得到解决，那么腐败的机会或者说土壤自然就不会存在。他们的判断逻辑是：司法人员如果收受贿赂，那么必然会作出对行贿人有利的决策，从而影响司法公正。但笔者认为这种“共识”不但在经验上难以成为必然，而且很容易被腐败分子拿来当成欺世盗名的幌子——他会用司法产品的合法（狭义的公正）来

“反证”自己没有腐败。笔者并不否认，司法腐败会导致司法不公，我们也能够发现不少腐败导致枉法裁判的案例。但对司法的实际运作过程稍微有些了解的人就会知道，腐败与公正在很多情形下是奇怪的共生体，有点像大夫收红包与做手术的关系。行贿人行贿，目的可能仅仅是自己的合法利益不受想象中的侵犯与伤害，或者让自己的合法权益尽快得以实现而不是试图获得法外（枉法）利益；司法人员纵然获得贿赂等腐败利益，也并不敢冒错案追究甚至开除、入狱的风险去违反法律的直接规定。这多少有些应验了那句20世纪80年代的老段子：“大盖帽两头翘，吃了原告吃被告，原告被告都吃完，该是几年还几年。”

公正合法的司法产品并不就意味着腐败机会的完全丧失，它还会在以下场合见缝插针，例如：司法人员在法律给定的范围内仍然享有对当事人的“合法”伤害权，如拖延查封财产的后果可能就是当事人最终只能得到一个判断；行贿人对司法人员的权力有过高的预期，如他可能期望法官收受贿赂以后给他不争气的儿子判处缓刑，然而法官最终只是在法定范围内适度从轻；行贿人出于一种假想防卫的心理，仅仅是为了防止法官对自己的不法伤害而行贿。这些情形下的腐败从表面看都无害于司法产品的公正合法，因而它能够给腐败提供一层保护色而让品行不端者安心收受贿赂。另外，几乎被彻底公开了的司法产品很容易让人们看到是非对错，而被称为“黑钱”的贿赂则由于它的隐蔽而很难被发现，即便被发现也会由于证据的单方性而矢口否认。虽然受贿与枉法在刑法上都属于犯罪，但由于二者被发现的概率和证成的难度极大不同，相对于枉法而言，就因此形成了一种潜在的受贿激励。

支持笔者判断的反方面观察还有，错案中未必就有司法人员腐败，比如呼格案[①]并没有消息称办案过程中有腐败现象。

腐败与公正的关系不能在线性逻辑的图表上推演，因为社会生活是一个高度复杂的巨系统。导致不公正的原因很多，腐败未必就一定导致不公正。强调这一点不是为司法腐败的脸上贴金，为它翻案，恰恰相反，笔者的目的在于强调司法腐败的独立“地位”。既然它不是司法不公的必要条件，那么围绕着

① 呼格吉勒图案又称呼格吉勒图冤杀案，是一起在中国引起了广泛关注的冤案。案件当事人呼格吉勒图在1996年被执行死刑，2014年内蒙古自治区高级法院再审撤销原判决，宣告呼格吉勒图无罪。宣告无罪后，多名审判人员被追究相关纪律责任。

司法公正进行的制度设计、运作实践就未必有助于司法腐败问题的有效解决。而且，这些设计甚至有可能被以“防止司法腐败”为名成为管理层寻租的借口。比如，在诉讼法上并没有规范基础但在实践中一度广泛存在的裁判文书审批制度的设立目的之一就是所谓的预防腐败，而最终恐怕并没有起到预防的作用，反倒是加剧了司法腐败机会的集中。我们讨论司法腐败，要跳出司法公正的框子。

二

司法不是一个独立运行的概念体系，它存在的意义在于解决纠纷，为社会公众提供行为尺度，这时候我们可以从矫正意义上说司法关乎社会的基本公正。同样，司法产品的评价标准也不仅仅是专业标准，不仅仅是法律人的职业认同，还包括社会公众的广泛接受，这也就是我们常说的司法公信问题。公正，有助于提高司法产品的社会接受程度，但这不等于说司法公正就必然增加了司法的公信力。

某甲与他人产生纠纷到法院打官司，一审、二审之后胜诉，他会说这个案子是公正的，同时也会说“法院是有真事的，法官是好的”[①]；如果他在这个诉讼过程中“找了人，表示了表示”，他同样会说这个案子是公正的，但同时也会在他自己的社交网络中传播对法官乃至法院的恶劣评价，这并不妨碍他当着法官的面感谢给了他一个“公正的判决”。在后一种情形下，司法的公正就无助于司法公信力的提高。

司法的公信力不高、人民群众对司法工作的满意度不高是本轮司法改革的原动力之一。但如果把公信力不高的问题生硬地转化为公正度不高，则既会导致对司法系统现有工作成绩的不恰当否定，也会掩饰影响司法公信的其他因素，从而使致力于司法公信力提高的技术方案失灵。

笔者并不否认司法不公对司法公信力的巨大破坏，赵作海案、呼格案等著名冤案对法院形象的破坏是很严重的。然而错案毕竟是小概率事件。即便是对法院持最严厉态度的批评者，也会承认绝大部分案件的处理结果在法律上是站得住脚的。这并非笔者立场决定脑袋的自我标榜，而是实事求是地承认我们在司法工作中已经取得的成绩，并且是考虑到以下几个方面之

① 是否有“真事”一般是指是否公正合理。真事，是不骗人的意思，没真事，就是说“在骗人”。

后的恰当结论。

1. 法院处理的大部分案件其实都是没有真正争议的清楚案件，当事人选择起诉只是因为对方不履行自己的法定义务，比如欠债还钱、交通事故。

2. 相当多的案件以调解方式结案，虽然它的处理结果由于当事人的意思自治而跟实体法的规定有所出入，但我们还是要把它们归入公正处理的范畴。

3. 民商事案件中上诉的比例非常少，上诉案件也大部分围绕事实争议进行，这里面有当事人举证能力的问题，这种情形下往往会出现专业思维与生活思维的对立，此时即便当事人不满意处理结果我们也应当按照证据规则给予案件正面评价。

这样我们就看到了一个悖论：绝大部分公正合法的司法产品并没有获得同样高的正面评价。如果公信力也有指数，那么它并没有公正指数那么高。

产生悖论的原因有很多，公众的法律意识不强、媒体的不当渲染、专业判断的“冷酷”等都是原因，然而其中最重要的恐怕还是附在公正产品中的腐败痈疽。对此我一直有个较为冒进的猜测，即如果我们真的组织一次民意测验，测评一下影响人民群众对司法工作接受程度的诸多因素，那么我们会发现排名最靠前的因素不是司法公正，更不是司法工作的程序性不强，而一定会是司法腐败。虽然是一种猜测，却未必是捕风捉影，应该说还是符合生活常识、有生活基础的。[①]基于这种理由，笔者认为，司法腐败对我们提高司法公信力的影响是独立而重要的，它不但不应该被有意无意地隐藏在司法公正框子后边附带，反而应该放到首要位置。假如它真的被移花接木为一个公正的必要条件问题，那么我们所有致力于提高人民群众对司法接受程度、提高司法公信力的努力或许都会付诸东流。

三

司法腐败不仅是影响司法公信力的一个独立因素，如果忽视它还会影响到我们对司法工作其他方面的认知，让我们作出

① 自2015年起，中国政法大学国家司法文明协同创新中心每年都在大量社会调查问卷的基础上发布《中国司法文明指数报告》蓝皮书。该中心在报告中用十个一类指数以及其下各自若干二类指数，通过外在视角考察了公、检、法等法律职业的公正、公信程度，是对我国现实司法运行的较好客观评估。历年指数的变化，也能够反映这些年的司法进步。但是，在各个指数中，标志司法腐败问题的“司法腐败遏制”指数一直最低，这同样印证了笔者的“生活感知”。具体参见中国政法大学出版社连续出版的《中国司法文明指数报告》。

教条主义式的错误判断。

坊间对司法工作尤其是刑事工作有一种下意识的“前判断”，那就是强大的权力具备积极伤害公民权利的冲动，如果不用某种死磕型的手段予以制止，它就会肆无忌惮。这种判断单纯从词汇解释的角度看似乎可以成立，因为司法权力要谋求自身的最大化，倾向于行使到最大限度。然而，如果考虑到司法腐败因素，这个判断则几乎会完全翻转。因为，绝大部分贿赂发生在贿赂人试图让司法人员放纵人犯，让司法权力消极行使甚至不行使的场合，比如为了让自己人不被抓起来，或者让自己人少判几年。司法人员“卖法”，也只能卖“限缩权力”的法[①]。引入对司法腐败因素的考量，我们就会意识到现在面临的不仅仅是一个外在批评者所说的严刑峻罚的问题，还有一个除罪化、轻刑化、严格程序幌子下的放纵问题。

权力的逻辑，与权力实际执行者的逻辑，还是有很大的不同。

---

① 笔者不排除有为了构陷对方而怂恿司法人员超越权力的贿赂发生，然而那种情况在概率上可忽略不计，理由同上：超越权力的风险太大，远远没有“限缩权力”安全，后者还能赢得尊重人权、轻罪化、重视教育转化、社会效果好等美名。

考虑不考虑司法腐败因素还会影响到我们对司法工作激励的判断。比如对一线法官，尤其是基层一线法官来说，司法权到底是一种权力还是一份苦差？如果不考虑司法腐败因素，那么我更倾向于后一种说法。法官工作的大强度、低薪水、高责任形成的心理压力让他们苦不堪言，怨声不绝于朋友圈。但如果考虑到司法腐败因素，包括当事人的直接贿赂以及向律师介绍案件收取的回扣提成，那么一线司法工作就成了一份颇有油水的肥差。

不认真考虑司法腐败在司法运行中的重大影响，就搞不清基层干警工作的合理激励应该从哪里获得。精神鼓励当然是重要的，但拖家带口的干警们不能光靠信念活着，他们需要虽不奢侈但仍然体面的生活。如果讳疾忌医式地掩盖司法腐败，或许就会不当地助长个别基层干警把腐败当成自己的工作激励。让他们觉得反正提拔无望，工资就这么些，送上门的钱不要白不要，不给律师介绍案子白不介绍。每当讨论法官该不该加薪时，总会有人痛心疾首地说法官其实根本不穷，他们其实如何如何富有。我知道这更多的是气话，或许就是道听途说，但对腐败这个问题，我们却并不能出于美好的愿望而否认。如果我们痛下决心把司法腐败解决掉，那么司法给人的“权力”印象恐怕就的确让位于“一份苦差”了，我们才能真正认识到能坚守下来的是那些真正有情怀、有信仰、有抱负的好人，让他们获得高薪、获得真正的工作激励也就有了更多的民意基础。

四

相较于对腐败重要性的认识，对它的解决方案的讨论就显得更为复杂。总是有人喜欢大谈消除腐败产生的土壤，然而在可操作性的技术途径上却语焉不详。这不由得让人怀疑他们的诚意：要么是用“腐败需要近乎推倒重来的制度构建”这样的骇人之语来动摇反腐的决心，没有根据地夸大反腐的制度成本；要么本来就不是真心想反腐败，这是把反腐败作为一种道德涂抹的口号，甚至本人就是获利者。

笔者不反对设想对腐败根本治理的制度构建，但更愿意讨论解决具体问题的现实路径。党的十八大以来的反腐成果是广为人知的，但这成果依靠的依旧是我们这个在批判者眼里永远都不对的体制。我们的制度还没有太大的变化，但其中蕴藏的巨大正能量却得到了爆发。这启示我们，与其在司法腐败面前空谈理想的制度会如何如何，不如踏踏实实在现有制度基础上走好司法反腐的每一步。

“从思想上高度重视某某”，是一句几乎可以出现在所有公文中的套话，它是如此老生常谈，以至于大家都怀疑它毫无意义。然而就司法腐败而言，还真存在一个思想上的麻痹因素，具体已如前文所述。司法的决策层，应该意识到司法腐败是影响人民群众对司法产品接受程度重要的因素，要把反对司法腐败、查处司法腐败当成大事要事来抓，而不是出于讳疾忌医的态度掩护、袒护，这才是解决司法腐败的“认识”前提。

在司法内部去行政化，是本轮司法改革的重要内容，它的效用同样可以从防止腐败向管理层集中的角度理解：他们既说了算，又可以推脱责任给办案人，这会让行为人腐败得心安理得。这个大家已经讨论得很多，在此不赘。

财产申报已经在处级以上干部中实施，并且已初步产生效果。我们在反对司法腐败的过程中，仍然可以坚持这种做法。我们都知道，反对给司法人员加薪的声音里面，饱含着他们对司法不廉洁的怀疑，而廉洁不是自己拍胸脯就能保证的，也不是树模范就能说服的，通过一定手段公示才是取信于民的根本。但考虑到基层法官相对恶劣的工作环境，公开法官的房产可能会增加当事人找上门来的机会，既有可能上门行贿，又有可能上门威胁甚至报复，所以对房产的公示在无法为法官提供安全保障的现阶段还应该停留在一定范围。为此，笔者建议将向组织申报全部财产并经过组织核实作为法官入额的条件之一。

防止司法腐败的技术路径还有很多，比如有些法院为了提高司法效率规定了工作流程，严格规定每一项措施的时间点，这种办法就在客观上起到了防止法官通过拖延的手段让当事人产生焦虑感从而获得不法利益的作用。这的确有效，但同时也有它的副作用，因为案件的难易程度不同，每个人手里案子的多少也不同，都用一把尺子去衡量，反而会影响工作。这些探索都有积极意义，但其实并不是反腐败斗争的根本，在老问题面前并不一定都需要制度的创新。我们既有的体制中蕴藏的巨大能量在现有模式下并非已经穷竭，或许正是相反。笔者始终认为，反对司法腐败最重要的不是在口头上、在纸面上谈创新机制、方法，而是踏踏实实地运用我们现有的制度力量，不遮不掩、壮士断腕，认真对待线索，认真查处，因为脚踏实地比理想设计更重要。

五

本文写作过程中，最高人民法院的一位副院长落马了，而笔者的案头还摆放着他以及早先另一位落马的副院长主编的“理解与适用”。谁也不会否认，这些书为统一司法裁判、促进司法公正作出了重要的贡献，但谁也无法抹去这二位的落马为本套书以及法院蒙上的羞辱。这活生生的例子同样告诉人们：公正是一回事，腐败是另一回事。如此，我们就应该把腐败问题从公正问题的讨论中独立出来，看清它的模样，坚定地亮出手术刀。无反腐，无改革，如果不在司法改革的过程中消除那些肮脏的存量并努力减少增量，那么我们的司法改革既可能成为劳而无功的折腾，更可能成为腐败分子自我授权对抗查处的掩体。

审判公开，法官失去的只是锁链[*]

审判公开作为现代法治文明的重要组成部分，一直为我国诉讼制度所坚持。它一再被中央、被最高人民法院所要求和强调，不少地方法院也充分利用现代科技成果创造出新颖的公开手段，受到了群众的好评。但是，毋庸讳言，一些同志对公开审判的重要意义的认识还不是那么清楚，他们总觉得审判公开是对法官工作的一种限制，工作起来没有那么“自在”，似乎是一副无形的枷锁，从而对审判公开有着不该有的抵触情绪。

笔者认为，审判公开能够以倒逼的方式促进司法公正，而不是法官工作的锁链，反而是法院特别是基层法院树立司法权威、取得社会公信、提升工作效率的重要助推力量。以下笔者

---

* 原文发表于2012年10月13日的《人民法院报》，收入本书时有修改。

将结合基层的司法工作实践谈谈自己的几点认识，请方家指正。

一

尽管这些年来我们在法院基础设施、队伍和工作的规范化等方面付出了极大的努力，但司法权威的现状还是不能让我们满意。权威不高表现在多个方面，以当事人、代理人闹庭、骂庭等现象为代表的不尊重法官、法庭以及其背后的法律秩序就是其中之一。开庭时，有些当事人一见到对方当事人就破口大骂甚至纠打，法官如果制止，矛头就会对准法官：“你为何向着他们，给你送了多少礼？……”这种场景，处理案件的法官尤其是基层法官都不会生疏。司法权威不会伴随传统社会向现代社会的转型而自然产生，需要我们自己付出努力积极争取——公开就是我们树立权威的最佳手段。人是社会性动物，本能地渴望得到社会认同，希望获得社会美誉，尤其是在他自己的“熟人世界”里获得认同和美誉。不少当事人之所以敢于在法庭上肆无忌惮，就是因为他们觉得反正这里没人认识他，他闹了之后别人也不知道，用老百姓的话说就是“丢人也没有丢到家里”。如果他知道自己在法院的一举一动都会通过视频等手段被他的左邻右舍、自己的老少妻儿、亲戚朋友看到，并且这视频永远都不会消失，他内心里就会产生相当大的自控力量，行为就会大为收敛。这种自控和自律的力量能真正迫使他表现得像个“君子”，注重自己的行为言语，尊重对方当事人，尊重法庭，从而极大地提升司法权威。比起对违反法庭纪律的人采用强制措施的事后惩戒，这种防患于未然的方法成本相对较低，也更能为公众接受。

二

司法公信力是一个表征司法过程和结果的社会接受程度的概念，提升司法公信力已经成了中央对法院工作的基本要求之一。一个让我们有些尴尬的现实是，各级法官处理了大量纠纷，其中绝大多数案件都是依法判决的，当事人本身都是接受的（表现为不上诉），可是我们的工作在社会上的评价并不能让我们满意，我们的司法公信力还不是那么高，这也常常让我们满腹委屈。造成司法公信力不高的原因是多方面的，信息的不对称就是其中的原因之一。应当看到，法官在几个月的时间里所获得的关于案件的信息，和外界只言片语、道听途说甚至用想象填充的案件信息不可同日而语。信息量的巨大差距往往会导致对案件判断的根本性不同。所以，让社会公众尽可能获得可以公开审理的案件的全部信息，是我们提高司法公信力的必要途径。

这首先要求我们公开判决书，在高水平、高质量的判决书中尽量阐述双方争点，让受众充分了解法官判断的依据。其次，我们还要尽可能地采用网络等技术手段向外界公开我们的庭审视频，因为很多让法官产生内心确认的关键信息是没法写入判决书的。比如在庭审中，一方当事人激动地浑身发抖，诅咒发誓，要求对方："你看着我的眼睛！"而对方当事人含糊其词，不敢直视，只是在那里低着头说："我没有这个义务。"这种信息在大多数情况下可以让法官产生一种关于"真伪"的内心确认良知，然后再在这种良知的指引下解释双方提供的证据。由于我们现在的诉讼制度并没有赋予法官"五听"[①]的权利，而是

① 五听，是中国古代司法官吏在审理案件时观察当事人心理活动的五种方法，即辞听、色听、气听、耳听、目听的简称，最早见于《周礼·秋官·小司寇》。据郑玄的注释，辞听是"观其出言，不直则烦"；色听是"察其颜色，不直则赧"；气听是"观其气息，不直则喘"；耳听是"观其聆听，不直则惑"；目听是"观其眸子视，不直则眊然"。以后各朝代均以五听作为刑事审判的重要手段，《唐六典》规定："凡察狱之官，先备五听。"

采用法定证据模式，我们无法把这种“关键”信息写入判决书，所以有时候仅仅靠公开判决书还无法向外界传递法官判断所依据的全部信息，从而需要我们进一步公开我们的庭审。

三

司法公开对司法公正和效率的保障作用已经成为共识，它对防止权力滥用、遏制司法腐败、消除互相推诿扯皮等现象有着重要的意义。但是，我们不但要看到审判公开对法院、法官的限制控权作用，还要看到它同时是法官致力于公正和效率的有效保障。

人民法院依法独立审判案件是为我国宪法所确认的诉讼基本原则，但总是有那么一些“感觉良好”的人喜欢用这样那样的手段干预法官的审判。不当干预的背后可能就是干预者个人的私人利益，这对司法公正的伤害是显而易见的，从而需要我们采用各种办法积极应对。司法公开无疑就是对抗不当干预最有效的手段。干预者实施干预的初衷是通过对法官、法院施加压力以实现使其“听话”的目的。干预者寄希望于一种“潜规则”的实现，公开则既能够让这种幻想彻底破灭，又能够给法官提供一个非常有效、有力的掩体。法官可以告诉他：“我们这里的审判都是公开的，实在是没办法帮你的忙。”

公开审判对审判效率的促进主要表现在它能够促进当事人如实陈述，产生有效自认，从而降低法院查明事实真相的成本。我们都知道，自我保护心理使得当事人倾向于隐藏或者否认对自己不利的关键信息，也就是说，在对自己不利的问题上，当事人极有可能说谎。相对于一对一的私场合，人在大庭广众之下撒谎可能要付出高昂的代价，那样会毁掉他自己甚至他子女的信誉、口碑。公开审判恰好能够利用人的这种心理活动机制，对陈述者产生强大的道德压力，减少甚至消除他在法庭上的谎言。进一步说，谎言的减少不但能够降低法官审判案件的难度，提升审判效率，对诚信社会的建立也大有裨益。

四

在符合职业特点的司法人员管理制度，法官统一招录、有序交流、逐级遴选机制，以及法官分类管理制度和法官职业保障制度健全之前，基层法官的工作激励很大程度上建立在上级的考核奖惩之上，司法公开则让这种考核奖惩更真实更有效。比如，有的法官累死累活，每年结案一百多件；有些善于弄虚作假的人则会搞所谓的技术性操作，一下子结上近千件案子。对这些手法外界不大了解，对外也没有什么具体影响，因而并没有受到舆论关注。然而，这种情形却严重打击了体制内老实巴交实在干活的法官的工作积极性——自己勤勤恳恳处理百十件案子，到头来由于某个当事人不满意上访，啥荣誉也得不到；人家忙活上三天“操作”近千件案子，根本没有真正的利害双方，自然无人上诉上访，于是“调撤率高”“案结事了”之类的评价和高级别的荣誉称号、奖励甚至晋升都会如期而至。这种消解体制内正能量的歪风也只有通过司法公开才能彻底根除。

马克思和恩格斯在《共产党宣言》中指出：“无产者在这场革命中失去的只是锁链，他们获得的将是整个世界。”借用革命导师的这句话，笔者要说，法官在这场以司法公开为主战场的倒逼式改革过程中，失去的只是束缚我们手脚的种种制约和锁链，收获的却是司法公正、权威以及公信力全面提升的整个世界。

司法权威不能用法官的血肉铸就*

虽然十堰法官受害事件已经过去了好几年，但笔者一直对它的基本情节记忆犹新：一名民事案件的当事人在法官为其送达判决书并答疑的时候，突然掏出藏匿于身上的刀子捅向法官，导致四人被刺伤，其中郑飞法官由于伤势严重被送入重症监护室。

这惨烈让人愤怒、无奈以及绝望。

然而更让法官们愤怒、无奈和绝望的是网上的诸多评论。

---

* 2015 年 9 月 9 日上午，在湖北省十堰市中级人民法院，一案件当事人胡庆刚持刀刺伤四名法官，随后被抓获。伤害法官事件近年多次出现，严重事件如 2016 年 2 月 26 日 21 时 30 分许，北京市昌平区人民法院回龙观法庭法官马彩云在住所楼下遭到两名歹徒枪击，经抢救无效死亡；2017 年 1 月 26 日，广西陆川县人民法院退休法官傅明生在家中被龙建才持刀杀害，只因傅法官于 1994 年判决其离婚。

“法官肯定有问题，这是报应！”“干得漂亮！”“捅得好，为人民服务！”“肯定有冤案！”“被逼急了呗！”“保护之前先考虑法官伤人有多深，不是被迫谁会去法院动手？”“没有使用燃爆物品，只是使用冷兵器”……

急公好义的网友可以为受伤的小动物哭得泪流满面，当法官的鲜血来到面前时，却不惮于用尖酸刻薄的话语传递压抑不住的喜悦。这喜悦是残忍的，也是邪恶的。是的，残忍而且邪恶。是怎样的扭曲，才能让人面对残暴的歹徒手刃一名手无寸铁的女性（主审法官刘坦是一名女性）时表达出这样的喜悦！难道仅仅因为她是一名法官？！我不知道他们的心是不是肉长的，是不是跟凶手胡庆刚一样阴暗？我相信如果他们也有正常人的理智，那么等到邪念平复、良知复苏的时候，他们就会为没有掩饰自己的暴虐念头而后悔。因为这是挑战人类基本善恶观念的暴行，这里的是非根本不需要法学教育甚至义务教育的启迪。悲愤之余，更有价值的反思是我们为何走到今天这种境地？法院、法官为这个国家、为这个社会提供了基本的、合格的甚至是优秀的司法产品，却为何在自己同志的身体被刺伤的时候还要在心里挨上一刀？笼统地归因于社会的仇官心理是一种解释，但这并不足够。在满腔悲愤地指责外界对法院、法官的工作不理解的同时，我们还需要反思我们自己到底做错了什么。

在法官遭受外界人身伤害与言语攻击的时刻提出反思法院自身的问题，是很受攻击者欢迎的，他们会说：你们不公正，所以才被攻击。如果我们进一步跟他们讨论，向他们证明：无论是讨论的个案还是法院为社会提供的总体裁判都无愧于公正（合法），让人民群众在每一个案件中都感受到公平正义不等于让人民群众中的每个人尤其是当事人对每一个案件都满意，种概念不等于属概念的简单相加，那么他们可能又会换一套说辞：那是因为你们说理的功夫不到家，如果你们说理到家了，就不会有人有意见。然而说理都是有限度的，纵然判决书的逻辑和修辞功夫都用到极致，利益相关方就是坚决不接受你同样毫无办法。孟勤国教授对四级法院文书的批评恰为适例。① 而且，在不少学者已经指出孟教授论证上的问题之后他依旧坚持自己

① 2015 年，《法学评论》杂志在第 4 期刊登了武汉大学法学院博士生导师孟勤国教授的《法官自由心证必须受成文法规则的约束——最高法院（2013）民申字第 820 号民事裁判书研读》一文。文章批评最高人民法院（2013）民申字第 820 号案件的主审法官，认为本案违背了民事诉讼法的基本原则，是主审法官滥用自由裁量权的典型。

的看法，恰好证明说理的作用是有限的。公正、说理之类的理由用完了，攻击者还会拿出更常见的理由，也就是态度问题，缺乏服务意识——这显然是一个非常主观且无法评价的标准。

笔者要说的对法院自身的反思，不是这种反思，不是反思我们是否公正，说理是否不足、不够，而是为何外界总是拿这么高的，高到无法实现、其实根本站不住脚的标准来要求法院？进而把这些标准当成批判甚至伤害法官的理由？

残酷地说，这些要求不仅仅是不负责任的键盘侠不考虑法律运行成本，用理想状态对普罗大众的“忽悠”，更是我们法院自己作出的各种明示暗示的承诺。自己说出的话，被人当成了把柄。

我们曾经树立过“辨法析理、胜败皆服”的榜样，我们报道的模范人物是低到尘埃里的服务典型，我们连篇累牍地宣传某地又推出了超越法律规定的服务举措。管理者常常笼统地批判法官“态度不好”，笼统地承诺要解决“审理难、执行难”，不停地要求法官增加判决文书的说理程度，判后答疑，甚至把当事人不服从法院判决归因于判决书的说理程度不够……这些措施，都回应了舆论场上对法院的理想标准，在法院管理层获得口头赞赏之余，由于宣传的片面性，也无限抬高了大众对基层司法的期望值，恶化了基层法官的生存环境。

那么管理层何以如此？官僚主义者高高在上不接地气是原因，形式主义者怠于研究现状也是原因，缺乏对司法权威的自信是更重要的原因。

这并不是说法院系统不敢提出保障司法权威，而是指我们在争取司法权威的过程中犯了一个多少有些倒果为因的错误。在讨论司法权威的过程中，我们往往预设了一个外部接受度的前提。它的逻辑为：法院提高产品公正度，在群众心目中形成公正感，提高法院的公信力，进而提高群众对法院的尊重程度，形成司法权威。坦率地说，这并不是法院系统的发明，几千年来的道德教化模式就是这样要求人们反求诸己，然而这其实只是一种美好的想象。社会心理学上一个冷酷的现实就是人们本能地选择服从权威，人们给予更有权威的人以更“公平”、更“正义”的评价而不是相反。路西法效应揭示了人类心理中的阴暗，人们对权威的服从已经到了触目惊心的程度，人们在服从的过程中还伴随着对权威以及自己服从行为的高度正确评价。同样，我们很难说，信徒对宗教的忠诚是出于道义的感召还是对权威的恐惧，因为无论哪一种宗教，在用美好的愿景吸引人们的同时，也详细地描绘了各种可怕的情形让信徒畏惧，它们在传播过程中同样发现并利用了人们服从权威的这种心理。

笔者当然不是说我们要服从这种心理事实，那样我们的司法权力乃至国家权力就会演变成赤裸裸的暴力，我们一定要寻求并夯实国家机器的道德基础，这也是人类文明发展的标志之一。笔者只是想提醒，我们要意识到公正与权威是两回事，两者或许根本就不具备因果关系。获得社会认同，要有公正的道义基础，同时也必须坚定对权威的追求。要有这种勇气和自信独立地追求法律赋予我们的权威，而不是羞答答地把它寄希望于提供超出法律界限的服务之后外界的反馈甚至赏赐。社会是冷酷的，如果我们对它一味地抱有小布尔乔亚式的幻想和温情，就会在冷冰冰的现实面前跌得头破血流。

对司法权威的追求要有自信，它不仅是法官个人的职业保障，是法院系统的集体形象，更是国家法治得以实现的保障。我们要有这个担当，不能为了舆论场肤浅的表扬而放弃自己的责任。

十堰法官被刺之后，同行们通过不同途径发出了愤怒的声音。心理学实验表明，愤怒本身就比不愤怒更容易让人们理解为正义。法官个人的愤怒能够带来初步的权威感，但更系统的权威构建还需要法院系统调整工作目标以及宣传策略，以求降低单个社会主体不切实际、不合法律的妄识，消解其心里与恶念伴随的所谓正义感，从而能减少恶念变成暴行的机会和那些舔舐人血馒头的嗡嗡声。

最后我想说的是，包括法官职业保障在内的司法权威构建是法院管理层的责任。十堰法院出现如此重大的安全事故，在追究凶手法律责任的同时，一定要反思检讨法院日常案件管理的责任。司法责任，不能仅仅指法官的办案责任，同时要包括管理层的安全保障责任。司法权威，是法治社会的必要前提，它依赖的应该是法律范围内的、系统的、组织化的国家强制力，不可能是温情脉脉的喃喃细语，更不应该是办案法官的血肉之躯！

文书错误，该不该处理这名法官？

文书错误，是在审判实践中难免会出现的事情。我国的诉讼法也规定了出现文书错误后补正的范围和程序。出现这种错误，是不是就要处分法官呢？我们就从一个几年前的例子说起吧。

2016 年 4 月 11 日，南海网曝光了海口市秀英区人民法院送达给当事人的一份民事判决书，出现了人名、金额、住址等文字表述错误 12 处[①]。法院对该案件的承办法官作出了在全院大会上公开检讨、全院通报批评的处罚。该承办法官也作了深刻检讨，并向案件当事人与法院致歉。该消息一度在网上刷屏，

① 参见《秀英区法院判决书错误连篇承办法官作检讨被通报》，载中新网，http：//www.hi.chinanews.com/hnnew/2016-04-15/412274.html，最后访问时间：2020 年 2 月 16 日。

能看到的几乎都是对该法官工作责任心的批判。

虽然使用缺乏敬业精神、工作态度不好之类的理由，对“出事”的一线人员的主观态度进行事后评价是一种安全而且非常政治正确的方法，但是它毕竟有些空洞。如果我们不结合具体的制度设计，不观察具体的现实运行，那么这样的批判不但无益于工作的改进，反而很可能成为话语强势者弃卒保车、逃避责任的幌子。对当事法官来说，也欠缺必要的公平。

按照中央的统一规定，海南省属于首批进行司法改革的省份之一。早在 2015 年 1 月，该省就已经完成了作为司改重头戏的员额考试，开始实现司法人员的分类管理。分类管理的题中应有之义主要就是法官聚焦审判主业，而从事务性工作解脱。既然已经解脱，那为何校对文书这样明显属于“事务性”的工作出现了失误，板子还要打在法官身上？法官助理呢？书记员呢？是该法院违反要求没有为入额法官配备就造势吹嘘？还是该法院依照制度规定认定文书校对确实属于法官的责任？

司法责任制是本轮司法改革的“牛鼻子”，但追究司法者的责任同样要依法进行，这既是法治的基本精神，也是法官的基本权利。在最高人民法院出台司法责任制的相关规定之前，海南省人民法院制订了《海南省法院完善司法责任制实施办法（试行）》，出台了《海南省法院司法责任制职责清单（试行）》。该清单明确规定主审法官的责任为："（一）组织、主持庭审和合议庭评议；（二）确定案件审理方案，按照审判管理规定进行审判流程节点控制；（三）对案件的程序和实体问题、事实认定和法律适用问题依法独立自主作出判断；（四）指派审判辅助人员完成相关辅助工作；（五）办理或指派审判辅助人员办理案件信息录入工作；（六）撰写审理报告、裁判文书；（七）审签裁判文书及其他法律文书；（八）按程序提请召开法官会议并主持研讨，对采信的认定结论负责；（九）按程序报请审判委员会讨论案件；（十）对法官助理、书记员的考评、晋升提出建议；（十一）办理与审判有关的其他事项。"

这里面并未包括诸如校对裁判文书之类的事务性工作。2015 年 9 月出台的《最高人民法院关于完善人民法院司法责任制的若干意见》中，规定了当法官有"制作诉讼文书时，故意违背合议庭评议结果、审判委员会决定的，或者因重大过失导致裁判文书主文错误并且造成严重后果的"情形时，承担审判责任。注意，这里明确规定了是裁判文书的"主文"部分，也就是我们常说的"根据某某法律规定，判决如下"的部分。而前面的报道中并没有提到判决书中有主文错误，错误集中在事实陈述部分。

既然并没有制度规定法官要对裁判文书的文字错误承担责任，那么批评乃至追究这名法官的规范基础何在呢？秀英区人民法院管理层或许会用前引《最高人民法院关于完善人民法院司法责任制的若干意见》中第32条作为自己的行为依据，该条规定“审判辅助人员根据职责权限和分工承担与其职责相对应的责任。法官负有审核把关职责的，法官也应当承担相应责任”。但这一条并不能让该院管理层免于规范困境。因为，首先该条明确规定了追究顺序，责任主体首先应该是辅助人员，我们在报道中并没有看到该院追究、批评辅助人员，也没有看到他们出来检讨道歉（这让人怀疑该院是否为这名法官配备了辅助人员）。其次，按照目的解释的原则，我们也不能把这里的相应责任无限理解为让法官为审判辅助人员的所有行为承担责任，否则就会违反该制度以及本轮司法改革的初衷之一：实现分类管理，让法官从事务性工作中解脱出来。应该按照体系解释的原则，把第32条与第26条结合起来理解，即如果出现了由辅助人员负责的文字错误，法官只需要对裁判文书的主文失误承担相应的管理责任。

“让审理者裁判，让裁判者负责”是本轮司法改革的目标之一，基于这种目标，中央出台的改革措施中明显呈现出“去行政化”的色彩。在对法官责任的惩戒追究主体方面，已经由法院层面上升到省级法官惩戒委员会，法官所在单位在追究责任方面没有了最终决定权[1]。这种规定对于保障法官独立判断的勇气、防止法院内部的行政干预是非常必要的。但秀英区人民法院并没有将该法官的失误行为依照程序向惩戒委员会呈报，而是径行在本院予以处理。这显然不符合相关程序。

或许有人会说，该院并没有超越权限对该法官作出纪律处分，只是大会批评、责令书面检讨、赔礼道歉等传统的批评教化，并不值得小题大做。笔者对此不敢苟同。同行、同事之间的认同与尊重，在同事面前的形象是法官职业尊严的重要组成部分，法官也是要有“面子”的。这种“面子”关乎法官的职业荣誉感，如果它轻易地就可以被管理层撕破，那么我们致力于“去行政化”的初衷可能就无法实现。“你的案子我不签发了，你的责任我不追究了，但我可以训你，我可以让你丢人出丑。”这种出丑同样会产生巨大的心理控制力，可以让法官对管理者的服从深

① 详情参见《最高人民法院关于完善人民法院司法责任制的若干意见》第34—36条。

入到下意识里。笔者并不是说管理层就不能批评教育法官，而是提醒注意，这种以“训一顿”为主要表现方式的“合法伤害权”是我国旧社会官僚系统的潜规则之一，它虽然没有伤及被训者的物质、职位利益，对受体的精神影响却是巨大的。老话说，“士可杀不可辱”，讲的就是这个道理。对管理层这种批评教育以及强令法官检讨自责的权力，我们也应该设定必要的程序，给予必要的限制。

外界对法院的批评，往往集中在法官本人，因为法官直接与当事人接触，矛盾会在法官本人身上集中凸显。但法官的行为其实是整个法院工作的折射，一个人无法独立完成工作任务，他需要必要的职业保障，没有这种职业保障，法官的任务要么无法完成，要么会充满瑕疵。法官的工作结果出现失误，我们应该认真想一想：责任主体到底应该是谁？是法官本人的问题还是他背后的组织的问题？进而分析产生这种失误的原因。如果发现有法官主观态度之外的管理层保障不力的问题，就要把板子打到管理层身上。而现实中我们很少见到管理层有这种反思，而往往是出于自身安全考虑，匆匆忙忙把法官训斥一番，应付舆论，进而获得“管理从严”的好评。应付舆情危机是简单的，尽到自己的责任、为法官配备辅助人员、购买文书校对软件、把司法改革的任务落实却是困难的。这需要管理层的担当。

法院的主体是法官，而不应该是管理层，管理层负有对法官工作的保障责任。当法官的工作成果出现失误时，既要依照司法责任制的规定追究法官本人的责任，也不应该忘记他背后还有一个管理层。

一场逐渐被忘却了的法官公选 *

2015年4月15日，上海市高级人民法院联合上海市人民检察院向社会发布了公开选拔高级法官、检察官的公告[①]。在当时法官“辞职”现象已经引起普遍重视，媒体也动辄用“辞职潮”这样的词汇形容这种现象，笔者对那场公选一直有些疑问，斗胆写出，求教于方家。

“高级法官”是一相对稀缺的符号资源，在法官员额制正在被坚定实施的大背景下更是如此。不少原来具备审判资格的“法官”将在员额制改革过程中失去审判资格，不再是法官。

---

* 上海此次公选是法检联合进行，但本文讨论的范围只限于法官公选。

① 参见《上海公开选拔高级法官检察官》，载中国共产党新闻网，http：//renshi.people.com.cn/n/2015/0416/c139617-26855950.html，最后访问时间：2020年2月16日。

这时，司法管理高层拿出高级法官的职务对外公开选拔，让不少同行吐槽“寒了兄弟们的心”。

然而，挤占几个高级法官员额仅仅是这次公开选拔负外部性的表面。

这次上海公选法官并没有针对系统内部，基层法官没有和其他“法律人”一样获得同等竞争的机会，我们希望上海方面以后再遴选的话应实施“补偿”措施，因为职位上升激励是基层法官重要的工作动力。这事我们先不讨论，先看一个内外是否得到同等对待的问题。

我们假设一名法官也被允许参加此轮公选，那么他会被要求具备什么条件？文件中对允许报考的法院外机关工作人员的要求是这样的：“机关、企事业单位从事法学法律工作的人员，报名选任三级高级法官或检察官的，应任副处级（或相当于）职务满 4 年，并从事相关法学法律工作满 5 年；报名选任四级高级法官或检察官的，应任主任科员（或相当于）职务满 4 年，并从事相关法学法律工作满 5 年。”法官如果参选，估计也应该是这种标准。这种猜测并非毫无根据，因为最高人民法院在 2013 年公开选拔高层次审判人才时就有类似规定：“参加副庭（局）长选拔的，专家学者应任正高级专业技术职务满 3 年，并从事相关法律工作满 10 年。律师应具有相关执业经历满 15 年。党政机关人员应现任副局级职务或任职满 4 年的正处级职务，并从事相关法律工作满 10 年。参加处长、正处职选拔的，专家学者应任副高级以上专业技术职务，并从事相关法律工作满 5 年。律师应具有相关执业经历满 10 年。党政机关人员应现任正处级职务或任职满 3 年的副处级职务，并从事相关法律工作满 5 年。”从中不难发现，法官在获得这种选拔机会的时候，在工作资历之余被附加了级别限制，即必须达到一定级别才能报考。而与之相反，对作为“外部人”的律师则只需要一定的执业期间。

平等的含义有很多，如今更广为接受的是“机会平等”。而在这种公开选拔高级法官的过程中，基层法官的机会被制度化地减少了。大学出来的学生，来到基层法院做法官，从概率上说在几年之内就达到处级是没多大可能性的。我们平时的主流文化是鼓励同志们安心工作不要考虑级别，但在这种相对来说比较公平的晋升机会面前，管理层自食其言了。

我不是说基层法官比起律师来更适合“高级法官”这个岗位，只是说不能在这种涉及法官职业激励的大事面前对法官作如此直白的歧视。其实，尽管舆论场上四溢了不少法官歧视律师的流言，我们却能够从制度上发现不少律师相对于法官的优越规定。比如：法官如果辞职做律师，必须有一年的实习期，而律师转行进入法院则没有这种规定；统一司法考试前的律师资格证书等同于司法资格证书，而统一考试之前的法官资格则形同废纸。这些制度性歧视在两者收入差距的讨论下被掩盖了，然而它同样是关乎法官职业荣誉感的重要因素。因为荣誉感可能更多地来自一种符号资源，而未必就是广为讨论的法官高薪。

“外来的和尚会念经”是人之常情，我们也不能期望法院高层免俗，何况从律师与学者等法律人中选拔高级法官未必就不能促进职业共同体意识。但哪怕要选拔外来的和尚，也得选拔外边的大和尚、好和尚、一流和尚吧？以我们法院系统提供的工作待遇、工作环境和工作辛苦程度，能否选拔优秀的、一流的律师或者学者进入法院当这个“高级法官”？这是一个用脚后跟都能想明白的问题。有学者直接讽刺这除了“在自己的土亲土友面前吹嘘”之外毫无用处，而且以这位学者的知名度和学术造诣，我们应该相信他绝非吃不到葡萄就说酸。事实会坚硬地来到面前，我们招来的只能是二流的学者和律师。

也不是说二流的学者和律师就不能胜任高级法官的工作，事实上这些招进来的高级法官也都在各自岗位上尽职尽责。我想强调的是它的负外部性：律师与学界会更加瞧不起法院。司法权威的不足是多方面的，律师与学者对法院的批评也是直白和尖锐的，这些批判在很多时候都未必建立在平等对话的基础上，而总是暗含着“你们都是小学生”似的骄傲在训斥。这里面有体制和身份上的狷介，也有智力与知识上的自负。我们把人家队伍里的二流智力请来奉为高级法官，这其中的激励和暗示不是明摆着的？经常见很多律师在互联网上批判基层法官如何如何不懂法，他们的看法并非都正确。因为对法律的理解有时候真的未必都能一致，法治社会的应有之义就是在大家的是非判断不同的时候让法官说了算。他们如此相信自己的理解是真理，其实正是基于一种被激发出来的智力自负：“那谁谁谁，水平比我差远了，到你们法院都当高级法官了，你们小基层，懂啥？”

话说到这里还没有完。

“法律不是逻辑，而是经验。”霍姆斯法官的这句话是广为流传，但在司法管理高层公开选拔时就被彻底无视了。对法官来说，办好案子需要法律知识，更需要经验。对于基层的办案法官来说，最重要的就是经验。而尽管都是法律人，基层法院工作需要的经验和学者的学术研究经验以及律师的辩护代理经验有着相当大的不同。公选过后有律师朋友如愿转型为高级法官，成为我们的同行，我不想也无力评价他们的工作。我只能说在他们获得高级法官身份的时候，不会有丝毫审判经验，都只是嘴上知道什么叫作庭审驾驭能力，都没有任何写作判决书的经验，更不会懂得案件调解过程的酸甜苦辣。而他们一上来就成了高级法官，成了指导基层法官办案子、要求基层法官多多总结审判经验的高级法官。

法官职业化建设要求更重视法学教育、更重视学历、更重视资格，然而我们不能在这个名义下忽略法官的工作经验。近十年来，法官的职业准入门槛大幅度提高，职业化建设有目共睹，然而法院工作的社会接受程度（公信力）跟过去“复转军人进法院”时有没有相应的提高？我想谁也不敢这么肯定。职业化、学历和资格并没有起到太大作用的原因有很多，忽视经验是其中的重要方面。有些高级法官写书、写论文，与鸿儒谈笑风生，却与门外哭哭啼啼的大妈大嫂无法交流，因为他们没有也不重视这些“上不了台面”的经验。

经验的力量是不容忽视的，它不是做官样文章时的涂抹，它是正确认知我们的司法工作形势、提高司法公信力的重要仰仗，却在这种公开选拔的过程中被彻底丢在一边。

法律人常常以远离政治来标榜自己的纯粹与清高，但司法改革这样的事情却迫切需要政治家的智慧。它不是在法律框架下对规范的严格执行，它是打破现行制度的重新构建。审时度势、实事求是、积极稳妥应该是本轮司法改革推进的基本态度。随着司法改革深入推进，在法官“辞职”现象已经严峻到让管理层被迫采用强制手段予以限制的时候，高层应该想到安定军心。因为提供高效、高质的司法产品的基本条件不是给法官设定一道又一道紧箍咒，不是高喊公正、公信的口号，而首先是激发工作动力，让人愿意干活。这个时候上演这么一出公选秀，目的是什么？向外人宣示法院系统还是有吸引力的？抑或是野无遗贤？这样的自欺欺人还是少搞一些比较好。还有，这些选进来的“高级法官”是否还要经过法官遴选委员会的审查？如果法官遴选委员会不认可这次选拔结果怎么办？要知道，设立法官遴选委员会也是本轮司法改革的重要内容，我们真的不希望它还没有正式运转就被虚化虚置以至于成为摆设。

用政治家的眼光看中国当下的司法改革，而不是用机械的形式主义套取某些所谓的先进的法治文明模式[①]，可能是上海这次公开选拔最重要的启示，虽然这种启示来得有些苦涩。

① 可能有种潜台词：那些所谓的西方法治发达国家的法官是从律师中产生的，我们也要学习。

良心是靠得住的*

中山法院的法官誓词中非常醒目地提到了法官要“依法律、理性和良心认定证据、作出裁判”。这让我眼前一亮，觉得有股子“直指人心”的酣畅味道。但还是有不少反对的声音，认为将严肃的司法裁判奠基于看不见、摸不着的个人良心之上是靠不住的。按照他们的说法就是“法官就应该严格按照法律

---

* 本文所说的法官誓词是广东省中山市中级人民法院在2012年开展的工作，当时他们的誓词内容为：“坚决忠于宪法和法律，恪守职业道德，切实履行职责，依法律、理性和良心认定证据、作出裁判，公正廉洁司法，维护社会正义，捍卫法律尊严。”具体可见《中山法院首创初任法官宣誓意识》，载搜狐网，http ://roll.sohu.com/20120803/n349731949.shtml，最后访问时间：2020年2月16日。当时还没有开始进行本轮司法责任制改革，司法责任制改革过程中，成功入额的法官誓词也统一规范为宪法宣誓誓词：“我宣誓：忠于中华人民共和国宪法，维护宪法权威，履行法定职责，忠于祖国、忠于人民，恪尽职守、廉洁奉公，接受人民监督，为建设富强民主文明和谐美丽的社会主义现代化强国努力奋斗！”

办事，不然就会导致裁判结果的千差万别，不利于规则治理的实现”。

苏力老师将这种被波斯纳法官所称的“非常不现实”的一种外行看法定性为“形式主义司法观”，并且认为这种司法观不能推动有所改善的改革，不能提高法官分析处理司法问题的能力。[①] 笔者无力在这种真知灼见上面增加讨论，只能结合中国基层司法实际的真实场景将它们做一次实践展开。

对于法官判断形成过程的一般说法是“法官要根据事实和法律作出判断，反对先入为主的主观判断”，这种说法其实是机械的、教条主义的论调。事实的真相却是法官的判断都是先入为主的，都有一种本能反应的“法感”。当关于纠纷的陈述进入法官的大脑时，法官的脑海里即会升腾其对这种事实陈述的判断。这种判断当然未必是正确的，也未必与法官作出的最后结论一致，因为它需要再经历一次检验和证成的过程。在这个检验与证成的过程中，我们所说的法律才能够清晰地进入法官的视野。如果法官对法律的理解能够支持他的法感，这个思

---

① 参见苏力：《经验地理解法官的行为和思考——波斯纳〈法官如何思考〉译序》，载苏力：《波斯纳及其他：译书之后》，北京大学出版社2018年版。

维过程便可结束；相反则要开始一个新的过程，直到法官视域中对法律的理解和对事实的判断能达成一致。这个过程是灵感式的，是跳跃的，不是按照逻辑上的三段论进行的。但是，我们正是通过三段论的强势逻辑才能够保证作为大前提的法律规范的贯彻，[①] 所以，无论法官得出结论的真实过程是什么样的，它都必须表述为一种逻辑的三段论。在这个三段论中，先入为“主”的法感消失了，法官让他的判断呈现出一种冷冰冰的逻辑面孔。没有亲自审理过案件、处理过纠纷的法律人，只能从实际处理纠纷的法官提供的司法产品（判决文书）中获得法律判断形成的认知，而文书显示的认知过程其实隐藏了真实的思维过程。所以，我们不难理解，司法判断的外部人为何会倒果为因地秉持机械三段论。

知道法官判断的真实过程之后，人们恐怕就不会再怀疑良心的重要作用。良心的发育程度、良心对法官思维的影响程度极大地影响着法官的法感，这种法感又基本上决定着法官“找法”的方向。现实生活中，我们看到不少在法律上似乎没有问题，但结论却刺痛我们心灵的案件，造成这种情形的一个重要

① 更多讨论，请见本书《逻辑、经验与陪审团》一文。

原因就是判案法官没有更多地听从良心的召唤。

我们暂时抛开案件处理过程中至关重要的事实问题，先看一下在法律问题上面良心的作用。按照法律对诉争纠纷“涵摄”的清晰程度，我们可以把碰到的案件分为“典型案件”和“疑难案件”两种。在“典型案件”中，法官所能得出的结论其实和一个理性公民凭借其对生活的公平感知得出的结论是一致的，这时候，我们几乎无法否定其实是法官的良心指引了他的判断：他关于某些“天经地义”案件的判断与其说出于他的职业训练，不如说是出于他对生活正义的公平感知。

在法律和事实产生张力的“疑难案件”中，诉争事实往往和法条方凿圆枘，法官又不得以法无明确规定拒绝审判，这时候就出现了对规范的弹性解释空间。解释法律对法官来说是最危险的事情之一，如果没有价值所熏陶、经验所积累、生活所历练的“圣人之心”之指引，出现挑战人心理承受极限的判决也就不足为怪了。良心，在这里决定了规范对诉争事实的意义。

学者们更感兴趣的是能够“提供智识上的增长点”的法律疑难案件，但法官们所面临的纠纷大部分是事实领域里的争议。

在这种事实领域的争议里，对证据真实程度的认知、证明责任的分配、从证据得出结论等重要问题全都要在所谓的法官自由裁量领域内解决。此时，我们不祈求法官的良心来保障裁量的方向，又能祈求什么呢？

虽然我们说“千江水有千江月”，但我们还是必须得承认良心这个东西是社会性的，同样是活在当下的中国人，我们的良心基本上差不多。同一种文化陶冶出的，同一个成长环境长起来的法官大体应该有差不多的良知判断。更何况法官的法律专业背景其实已经强烈地在法官的良心上打上了法律的烙印，这种良心也是法治化了的良心。法官顺从良心的指引会消解法治的担心是多余的。说到底，法治不可能通过纸面上的法条来实现，而只能通过那些经历了严格法学训练的法律人来实现。既然是人，就要考虑他的良知、良能和良心。

在这样一个喧嚣浮躁的时代，说一些漂亮的空话是安全而且很讨好的。中山法院反其道而行之，将朴实到土气的词汇“良心”拿出来作为法官的誓言，的确饱含了提倡者对人性的深刻洞察。古往今来，王侯将相，又有哪个人能够逃脱良心对自己的拷问呢？如果我们对比一下这种“良心”誓言和叠床架屋式的管理监察，谁也不能否认前者对法官的朝乾夕惕作用比后者要大。

良心是平凡的，也是伟大的。而且，职业化了的良心也同样是靠得住的。

逻辑、经验与陪审团

——判决书的“有理”与“说理”

语言是人们表达思想、传递信息的重要工具。社会主体获得对某种事物、现象的认知，形成判断并说服他人接受自己的判断，在很多场合都需要借助语言的力量。我们常常赞美那些具有巨大说服力的檄文为“笔下有百万雄兵”。但是，我们也都知道，语言之于事物本身还是有它的局限性，如果看不到语言的这种局限性，那就会陷入“若要纸上寻佛法，笔尖蘸干洞庭湖”的窠臼里面。最后的结果只能是叠床架屋式的概念循环，在语言精致的道路上走得越远，离真相也就越远。

哲学史上对语言的局限性反思很多，但包含这种反思在内的“后现代”观念似乎对司法界的主流观念没有多少影响。目前，我们对司法裁判的基本要求依旧是“说理”，说理的基本要求是符合形式逻辑；而且把裁判文书的“说理”当成裁判是否公正、是否具有公信力的起码标准。这种观念看起来没有什么问题，但细究起来，它偷换了“说理”与“有理”的基本概念，从而在整体上导致我们裁判工作走入误区，让我们的司法工作背负越来越沉重的逻辑推演的枷锁，这不但直接降低了审判效率，而且，在语词和逻辑的路上走得太远反而会背离常识、脱离真相，会影响公众对司法裁判的感知。

一、有理是否等于说理？

判决书的正当性基础是“有理”，一方面指事实方面的客观性，另一方面指处理纠纷的公平性。一个有理的判决，才具有道德上的正当性，才具有公正的基础。我们先看一个笔者在实际工作中遇到的例子。[①]

2010 年，某女到法院起诉某男，要求与之离婚。法庭查明二人婚后育有两女，共同财产主要是房屋一套，后经法院调

① 由于婚姻家庭案件依法不公开审理，所以本文在叙述该案例时已经做了适当修改。

解二人达成调解协议："二人离婚；女方抚养长女，男方抚养次女，二人互不向对方索要抚养费；夫妻共有房屋一套归女方所有，男方自行带次女租赁学区房居住。"2017年，次女因病住院需要输血，经查与某男血型不符合遗传特征，遂进行亲子鉴定排除了该男与次女之间的血缘关系。该男遂找该女理论，要求对长女进行亲子鉴定并更换抚养权，女方拒不同意，男方遂认为长女亦非其亲生，遂到法院申请再审要求撤销前调解协议。在再审过程中，男方依然要求对长女做亲子鉴定，女方依旧拒不配合。

这个案子男方"占理"是很清楚的。法院调解时，无论是接受法官所做的思想工作，还是最后说服自己达成上述调解协议，都是从"觉得女方带着孩子不容易，自己毕竟是个大老爷们，有困难克服一下"之类"照顾女方"的立场出发，几乎放弃了对共同财产的分割，把唯一的房产给了女方。但男方这样处理的认知前提是夫妻双方互相忠诚，特别是双方抚育的孩子都是自己的"骨血"，从而对女性在生产、养育过程中的付出有感恩回报的心理，最后才很"男人"地作出了大度让步。但几年后他发现自己作出财产处分的事实基础其实是不成立的，女方不但在道德上对自己不忠，还导致他抚养了他人的子女，导致他不当处分了自己的财产。当年的调解协议从而不具备正当性基础，应当撤销，并根据实际情况对双方的财产重新判决。

主审法官将这个案子汇报到了审判委员会，不但是因为按照我们单位的规定再审案件要经审判委员会讨论，而且该案的女方不知道是由于心虚还是什么原因闹得很凶，找来各种人施加压力。主审法官在审理报告中对原调解书应当撤销的理由表述为“某女应当知道次女并非男方亲生子女，而没有将此事告知男方，采用欺诈手段导致男方作了错误判断……”笔者见到该报告后，忍不住笑了起来。这种表述其实是很有问题的，因为女方在婚姻过程中出轨，她也未必能确认孩子的生父到底是谁。如果判决书作这样的阐述，肯定会被女方抓住理由继续纠缠不休。所以我建议主审法官从以下两个方面论述理由：第一，事实认知基础是调解书自愿处分的前提，本案涉及调解书缺乏这样的真实认知基础；第二，夫妻“认为婚姻存续期间共同抚育的子女为亲生”是基于婚姻法的忠实义务和传统道德而形成的判断，对此不抱有怀疑不属于没有尽到注意义务，否则整个婚姻制度都会因缺乏互信而不安。这样就能够较好地把理由表达出来，而且不会被女方抓住什么把柄继续缠闹。

笔者在这里讲了一个没受过法学教育的普通老百姓都能形成正确判断的案子。但是，想把这个判断准确地表达出来，却让一个有着几十年审判经验的老法官为了难。它形象地告诉我们：“有理”不等于“说理”。

老百姓在生活中的很多话都表达了“有理”不等于“说理”的困境。比如“浑身是嘴，就是说不出来”，还比如“咱嘴笨，不会说”，这话丝毫不等于他在认输，与其说是认输，不如说他是在强调自己“有理”；在批评那些巧舌如簧能言善辩的人时则会说他们“能把死马说活了”。正因为老百姓们基于几千年传承下来的生活经验，知晓自己往往会由于言辞方面的不足而受到利益伤害，所以才寄希望于心目中的“青天”能明辨是非，希望“青天”们能够发现说辞后边的真相，期望着“会说的不如会听的”，希望我们这样的裁判者成为那些“会听”的人。

这样的困境其实并不是通过教育和训练就能够完全克服的，尽管我们承认，对言语概念和逻辑的学习与掌握能够帮助人们提高自己的表达能力，能够在更多的时候逃离这种困境。学习和训练只能在一定程度上让习得者摆脱因言辞导致的表达困境，比如笔者在上面案例中的表现。我们必须承认，不但在终极意义上，这个困境时无法消除，就在我们经常遇到的稍微复杂一些的案子里，依然存在着这种困境。

二、说出你的道理？

纸上得来终觉浅，绝知此事要躬行。如果我们想真正了解言语在真相面前的孱弱无力，还是要到真实案件而不是“媳妇跟妈都掉到水里”那样臆造的智力游戏（言辞话术）中才能体验到。在真实的案件压力下，在裁判者的现实责任下，语词与事物之间的紧张关系给裁判者造成的现实困境才分外明显。

几年前，刑庭的一位法官曾经向我咨询过案件。张某（男）离异后再娶，再娶的妻子李某也是离异女性，并且抚养着与前夫生育的女儿冰冰。二人结婚的时候，冰冰 5 岁，案发时仅 10 岁。张某在与李某共同抚养冰冰期间，利用“玩手机、给糖吃”等手段，数十次对冰冰进行猥亵、奸淫并自行录像。控方提取的录像共计有 30 余段，分别是五年内张某对冰冰进行侵犯的视频，从中可以看出冰冰成长的经历，也能看出一个 10 岁的孩子第二性征明显发育。这是个让人痛心、发指的案子。这样清楚的案子，被告的辩护人却抛出了一个让经验丰富的法官无法正面回答的问题。[①]

这个有些突兀的问题让合议庭很为难，他们认为这是一个需要认真对待的问题。他们内心确信被告人张某确实在他的侵犯行为中完成了接触，但不知道该如何把这种理由表达出来。当他们来问笔者时，笔者苦笑了一下说，咱们不能当话术的奴隶，如果一个契合常识的判断无法用言语表达出来，那就不要表达。

这个案子中男方的生殖器官有没有接触到小女孩的下体是很清楚的，是用脚丫子都能想清楚的。但是这不等于这个道理能够被说得很清楚，即便我们一定要放纵叙述的畅快而让判决书看起来像个需要被查禁的小黄文，也还是说不清楚。如果法

① 控方指控的罪名是两个，分别是猥亵儿童罪与强奸罪，请求数罪并罚；辩方则认为被告人只构成猥亵儿童罪。控方提交的侵犯视频能够明显分成两类，一类是张某将冰冰脱光衣服后进行亲吻等猥亵；一类则是张某将冰冰衣裤褪至膝盖处，让孩子平躺到床上玩手机，其则裸体用生殖器从上往下向孩子下体处摩擦，射精后停止并用纸张擦拭。控方认为前一类视频证明猥亵犯罪成立，后一类视频则证明强奸犯罪成立，因为幼女强奸即遂的标准为接触说；辩方认为这两类视频都是猥亵，都构不成强奸。辩方的理由是：在后一种情况下，控方提供的视频只能证明被告人用阴茎朝女孩的下体方向抽插，并不能证明被告人的生殖器与女孩的生殖器官接触，被告人采用了有效手段只让其生殖器蹭到了女孩的大腿内侧，因而要求控方必须提供足够的证据证明被告人的生殖器官确实接触到了女孩。

官被迫在说理中使用概率这样的科学概念，也不会增加辩方的接受程度，而只会带给他更多的攻击点。

如果我们凭借良知和经验能够确信的案件事实非常难以用语词表达出来，我们之所以采信的道理很难讲出来，这时最好的办法就是不要说理。在本案中，法官径直说明检方的第二类视频证明被告人完成了器官接触就行了，也没有必要对辩方的辩护进行逻辑上的反驳，将不采信辩方辩解的理由笼统地用“该辩护不属于合理怀疑”表达出来即可。这并不是逃避说理的司法专横，而是认识到言语表达真相的天然不足之后，很“比例”、很“中庸”地使用我们的说理工具。

超出这个案件之外，我们再看一看经常引发争议的强奸案件。强奸案的定罪标准是违反妇女意志，在很多时候，是否违反妇女意志是一个很难用语言说清楚的问题。假如嫌疑人在性侵过程中对女士有明显的殴打或持刀恐吓行为，我们似乎可以直接说这种情形下的性行为违反了女性意志，但这时依然无法回答“双方是在用施虐的方式进行刺激”之类的反驳。如果连这种外在的行为都没有，那么我们的说理就变得更加困难。

比如，某大学女生小李因家庭贫困欲寻求家教工作，在网上挂出消息后，王某与之取得联系。王某邀请小李在校门口面谈后表示满意，然后让小李乘坐本人车辆说带她回家跟孩子见面。但王某并没有把车往家中开，而是往郊区开。人生地不熟的小李在车上也没敢开口问，王某将车停到荒野无人处让小李下车，言语威胁后将其强奸。这个案子辩方的辩护就是女方没有外伤，而且没有反抗，因而说明女方是同意的。但这种辩护应该说是违反常识的。第一，事后的体检证明小李当时为处女，她不会一时激动而为王某这样的人失身；第二，当时已经是深秋，相当寒冷，王某连开房的钱都不愿出，在野外强行发生性行为，不大可能让女生对其产生好感；第三，女孩子在陌生环境下被吓得无所适从，吓得盲目顺从是很常见的事情，不能因为女方没有反抗就说明她内心同意；第四，事后女生自杀未遂，才由同学报案。以上理由，都可以在法官心中支持此次性行为就是强奸的判断。这种判断的前提，其实是法官预设了一个疑问：被害人为什么要同意这样的性行为？在这个预设疑问下，思考该案发生的各种现实场景，因而得出了被害人不同意的结论。但是，这个预设其实是违反刑事诉讼所谓“无罪推定”前提的，这些理由能说出来吗？

与其说出来让人批判，还不如省略掉不说。

这样的表达困境也不仅限于举证责任在一方的刑事诉讼过

程，在民事案件的审理中更是经常遇到。比如，所有民事法官都会遇到的“表见代理”判断难题，虽然很多学界大咖都努力引经据典把这个问题长篇大论，我们依然发现对表见代理问题无法按图索骥。法官常见的做法还是根据自己的经验常识，以涉案场景中应该由谁承担责任来决定是否引用表见代理制度。也就是，判断在先，说理在后。判断产生的真正理由，还是法官心里那些无法说出来，或者不方便说出来的理由。又比如看起来完全属于逻辑领域的“因果关系”问题，依然存在着根据经验常识去截取因果关系链条中的一部分，让其成为“责任关系”的情况。至于为何将这一段确定为需要负责任的所谓“法律上的因果关系”，而将另外一段不需要承担责任的所谓“仅仅是事实上的因果关系”排除在外，其理由同样是无法用清晰的语言表达出来的。

三、立足于经验的常识判断

本文第一部分讲述了语言表达与客观真相之间的第一重困境，这种困境受制于裁判者自身驾驭运用语言的能力，我们可以说它是“相对”困境；第二部分讲述的则是语言与真相之间的“绝对”困境，这个困境是不可能通过提高言说者自身文字驾驭能力予以克服的。哲学意义上无休止的争论或许是一个不断给后人以智慧启迪的过程，但对于需要在有限时间和有限资源限制下作出判断、完成任务的法官来说，这种概念的思辨或者说循环，则背离了国家之所以设立法院的初衷。法官也许会用自己的裁判文书对公众作智识方面的引导，但他的“正经”任务则是处理掉摆在他面前的纠纷，为社会提供秩序。

人们出于对司法专横的痛恨，对裁判文书提出了“要说理”的基本要求。在这种无法碰触的天条面前，法官也尽量让自己的裁判文书显现出“说理”的亲和面孔。然而正如上面论证的那样，真正的道理其实是没有办法说出来的，但说不出道理，并不等于没有道理。法官判断某一事实成立，判断某一方“有理”，需要综合裁量大量信息，这些信息在用语言表达出来的过程中，必然伴随着几何级的信息缩减；再加上表达在判决书上的文字需要符合相当严谨的形式逻辑，各级法院甚至为此专门制作了裁判文书样本，这种逻辑化的“半数理”语言所能涵摄的信息只会进一步缩减。由此，则必然导致法官面临一个尴尬局面：他形成判断的道理根本说不出来，说出来的“逻辑”也只是看起来像他的道理。而他自己也清楚，即便在判决文书中长篇大论了某些概念和逻辑，这些道理也只是“侧面”支援着其真正的判断来源。他的判断，只能基于他生活和工作的经验，基于他长期的学习，基于他对法治精神形而上的理解和大量案例研习所获得的公平感——而这些东西都是很难在有限的时间内形诸笔端的，或者虽然心知肚明却根本无法用语言表达出来。

于是，奠基在形式逻辑的“科学”基础上的法的稳定性出现了裂痕，因为现实的司法运作过程并不支持这一完美的想象。然而，进一步的追问是：把法的安定性建立在法官说不出来的自由心证上，是否就可靠？如果强迫法官用逻辑严谨的语言表达出他裁量的理由在现实逻辑上成为不可能，我们还能有什么办法来防止法官的恣意裁判？

其实我们对法官的自由裁量还是有着大量的限制，比如基于司法权力位阶的错案追究制度、终身负责制度，就保证了法官在判断形成之初会考虑其后果，保证他在自己的内心世界里依然受制于外部世界的“共识”，引导他选择更符合公众判断的“常识”标准来作为自己的判断尺度。然而，这种制度只能保证法官判断时良好的“初心”，而很难保证其更符合常识，如果想让法官判断与公众常识进一步契合，我们还需要更好的制度设计。

用制度问题取代科学问题，是人类解决无休止麻烦的一个常见手段。在人类文明的起源时代，我们的先民面对无法判断的事实问题，采用了很多“神判天罚”的制度。它当然造成了许多冤案，然而却有效地解决了社会生活中经常发生的纠纷。纠纷得以解决，才能让社会继续向前发展，而不至于让社会成员为了其实无法获得的“真相”而陷入无休止的纷争中去。

即便不是在愚昧的先民时期，即便所争议的问题完全属于科学领域的问题，即便所争议的纠纷对国家乃至于对世界都具有极为重要的意义，我们在当今社会仍然能够看到用制度决定替代真相探讨的例子。比如屠呦呦院士所获的诺贝尔奖，同样建立在拉斯克奖评选委员会的一种未必公正但让人服气的制度设计上面。①

---

① 屠呦呦院士在获得诺贝尔奖之前，曾经获得被称为诺奖风向标的拉斯克奖。该奖评奖委员会同样面临一个如何在集体参与的重大科研项目中确立最终获奖人的难题，他们采用了一个狡猾（不带贬义）的做法，让几位认为自己有资格获奖的候选人都回答一个问题：如果你获得了这个奖，你认为还有谁应该获奖？最后根据得票的高低确定得奖人。详见中国青年报的报道：《屠呦呦获拉斯克奖曾引争议：集体工作为啥只颁她》，载新浪网科技频道，https：//tech.sina.com.cn/d/i/2015－10－05/doc－ifximeyv2787552.shtml，最后访问时间：2020 年 4 月 20 日。这种真相机制显然不能保证得票最高的人就更大概率是贡献最大的人，而很可能是人际关系最好，甚至是贡献最弱的人（大家心里都认为他竞争力比较低，投票给他相对来说不会影响到自己）。尽管存在这种质疑，从坊间反应来看，公众还是基本接受了这“选拔”结果。它充分说明，在面临有限时间内无法解决的纠纷时，采用一种设计合理的制度，能够让决策者免除大量思考负担，并且能让最终结果获得公众认同。

四、陪审团何以可能？以及为什么可能？

在司法过程用“说理”防止司法专横侵犯公民权利是基于理性万能主义的美好想象，但如前面所述，它已经给面对现实纠纷的法官造成了相当大的困境。但是，笔者并不同意在目前的诉讼制度构架下放弃这种看起来很机械的“说理”要求，因为会立刻让法官的判断处于毫无限制的状态。法官不但在判断过程中感受不到语词代表的外在压力，内心的责任感会降低；而且在判断结束后，他的监督者也无从审查该法官的判断是否“有理”，从而也无法确定是否要追究其责任。这将会导致我们多年来为弥合司法与公众的关系、提升公信力作出的努力付诸东流。

如何超越这双重困境？笔者的建议就是大幅度改造我们的陪审制度，让陪审团成为案件事实的最终决定者。这种制度当然是受英美法系陪审团制度的启发，然而笔者对它的青睐更多还是基于对当下中国司法运行环境的认真考量。

前面已经说过，法官形成的判断其实正是基于他长期的生活经验形成的公平感，他在这种公平感的指引下“预先”确立了诉讼两造谁是那个“有理”的一方，然后才用逻辑和词汇将这个道理表达出来。受制于言语的相对和绝对两重困境，他表达的过程还存在重重障碍。可我们又不能把我们的全部信赖都赋予法官的“圣人之心”上，那样公众的忧虑就会与日俱增。这时候最好的办法就是把确立事实的责任转让给陪审团，让陪审团用民主票决的方式确立事实是否成立。集体行动的逻辑虽然不能保证一定会产生最优的结果，但可以防止最极端的结果发生，它能够有效防止法官个人偏见在判断心证产生中的作用。

比如，在一些人身损害赔偿案件中，原告往往将很多损失都归结为被告行为导致；被告则辩称其中一部分与自己的侵害行为没有直接因果关系。那么，如何确定这个因果关系链条中承担责任的界限？有生活经验的人大体上都有自己的感知，也都大概能够确立它的尺度。如果让他们用投票的方式决定被告承担责任的界限，那么这种结果更大概率是符合公众的秩序预期的。而且，在他们用投票产生的事实认定结果之后，法官也不必再佶屈聱牙地论述为什么这个损失就是基于法律上的因果关系造成，而那个损失则不是基于法律上的因果关系。它不但大大减轻甚至消除了法官被迫使用逻辑表达的“说理”义务，而且能够将判断的责任分解给陪审团成员。陪审团成员系在社会成员中随机产生，公众对他们形成的判断会有一种天然的亲切感，接受程度更高。这就从根本上消除了司法机关与公众之间的对立，可以说是提高司法公信力的治本之举。

将争议事实的认定权限交由陪审团成员票决的制度设计，一个可能的问难就是陪审团成员大都没有受过法律专业训练，因而其判断结论很可能会偏离法律的意旨。对此，笔者认为，法律人由于难以逃脱的职业本位窠臼、无法避免的谋求职业利益最大化的想法，往往会在思考问题时把自己当成天然正义的代言人，因而非常具有“优越感”地贬低普通群众的常识判断。而其实，近几年中国产生巨大影响的案件，都是群众判断引导着司法裁判，哪怕最后裁判者有些不厚道地把功劳揽在自己身上，说自己的判断引导公众云云。①

① 例如公众熟知的“昆山龙哥被夺刀反杀案”“山东聊城于欢案”“河南郑州电梯劝阻吸烟案”“河北唐山见义勇为追赶肇事逃逸者被火车撞死案”等都是近年来引发亿万网民关注的案件。这些案件的发展轨迹相似，都是司法机关首先作出一个（或者大家担心司法机关会作出一个）挑战公众基本公平感的判断，而引发网民愤怒地用网络表达出声音，最后司法机关成功地借助广大网民的支持去对抗利益相关方，成功地在个案中实现了法治。坊间对这些案件有着诸多“伟大”之类的溢美，但笔者认为，法律专业人员在这些案件里面的判断都不具有多少前瞻性，他们是在群众基于常识的判断支持甚至引领下才形成了最终正确的结论。

而且，随着信息技术的进步，当今社会已经是一个遍地摄像头的“天眼”时代，很多引发人们热议的案件都具有相当清晰的视听资料。普通群众在看完这些视频资料后，基本上心里都有一个差不多的是非判断了。信息载体的图像化、视频化，大大降低了信息传递过程中的真实性递减，防止了文字表述中的有意误导。[①] 虽然有人感慨在信息时代的技术背景下，人们越来越忽视语言，但这就是时代的大势所趋。在更先进的信息传递手段出现时，语言由于其信息传递功能的先天不足必然会逐渐让位。当人们面临几乎是再现现场的活证据时，形成是非对错的判断也并不需要在自己的脑海里先把图像信息转换成文字，而很可能直接根据图像、视频就形成了他的结果。比如，看过网上流传出的刘强东被警察带走后女方在会客厅与某男生见面的视频，网友就会在心里比量她的表现与理论上真被强奸

① 咬文嚼字、穿凿附会以出入人罪是过去刀笔吏的基本功夫。如《水浒传》第二十七回“母夜叉孟州卖人肉武都头十字坡遇张青”中描述县官为斗杀西门庆的武松开脱，写道：“念武松那厮是个有义的汉子，把这人们招状从新做过，改作：武松因祭献亡兄武大，有嫂不容祭祀，因而相争。妇人将灵床推倒。救护亡兄神主，与嫂斗殴，一时杀死。次后西门庆因与本妇通奸，前来强护，因而斗殴。互相不伏，扭打至狮子桥边，以致斗杀身死。”参见施耐庵、罗贯中：《水浒传》，人民文学出版社 1975 年版，第 366 页。

后的女性表现的异同，从而作出自己的判断。这些判断的形成都未必是以文字为媒介的。“昆山龙哥被夺刀反杀案”“河南郑州电梯劝阻吸烟案”“河北唐山见义勇为追赶肇事逃逸者被火车撞死案”，也都是相当清晰的视频点燃了公众的情绪，形成了集体意见。更多信息技术支持下的视频证据，足以让我们信赖未经过法学训练的陪审团成员能够产生符合公众真相预期的判断。我们对此没有必要杞人忧天。

五、余论

笔者设想的陪审团票决事实的制度与我们目前的人民陪审员制度是不一样的。以笔者浅见，我们目前的陪审制度依然存在着人民性不足、成员过少、与法官没有实质区分等诸多弱点，因而难以发挥它在事实认定中的作用。我们目前的陪审员，依然是通过国家机关审查并任命的，具有明显的“政府”性，因而相对于基于案件随机产生的陪审团来说，我们目前的陪审员的“群众性”“人民性”还是不足的，还不足以担负起在案件裁判过程中代表人民，因而增加公众接受度的重任。而且，目前的陪审员数量太少，少到很容易被公众怀疑他们自身的独立地位，怀疑他们容易被法官引导和影响。而如果我们在重大疑难案件中设立拥有30名成员的陪审团，则将因为其相当大的代表性、较多的人数而获得公众的接受。

可能的批评或许是：这样处理案件会导致审判效率的下降。对此笔者的回答是，考虑司法运行的成本不能只考虑司法机关在案件审理过程中的成本，还要瞻前顾后，考虑到整个社会为此负担多少代价。如果一个专政机关作出的专业判断长期得不到公众认同，那么司法机关要为消弭这种裂痕付出多少代价？而如果，我们把这个成本在案件审理过程中预先支付掉，将在大幅度降低公众与司法对立情绪的情况下，节约大量审判结束后所不得不付出的人力、物力。两相比较，设立陪审团给国家带来的成本付出恐怕还是要低一些。

在司法工作信息化过程中要防止形式主义

科学技术是第一生产力。人民法院在诉讼案件飞涨的新时代做好审判工作、解决“案多人少”的现实矛盾，必须借助现代科技的力量。信息技术不但能够有效提升工作效率，促进公正实现，而且能提升人民群众对司法工作的现实感知和认同理解，提高司法公信力，从精神层面增加老百姓的获得感。因此我们应当做好司法的信息化工作，从理念和技术两个维度积极推进。

但是，在司法工作信息化的过程中，我们也必须防止官僚主义、形式主义的借尸还魂，以强迫考核的方式推进。因为如果我们在这个过程中不考虑各种现实制约因素，不考虑现实可能性，不考虑其是否会产生非所欲的后果，那么就很有可能背离这项工作的初衷。不但会不必要地增加基层法院工作负担，而且会对当事人的权利实现造成实质性伤害。

比如目前正在积极推动的网上立案制度。它的初衷是好的，是让老百姓不出家门就能把案子立上。如果老百姓可以按照自己的意愿选择到法院立案或者在网上立案，那就的确能给人民群众带来不少便利。但有些地方强迫要求所有的案件必须通过网上立案，当事人到法院递交起诉状、交了诉讼费还不行，还必须在网上自行提交立案材料，否则这个案子就不予登记。这样就会对老百姓打官司形成一种实质障碍，开了这些年解决“立案难”的倒车。实践中，如果当事人委托了律师打官司，那这个“网上提交”倒不会成为大问题，因为对律师来说，这样的技术操作很容易掌握，而且律所里面的信息装备都足以完成网上扫描。但并不是每一个老百姓都委托律师打官司，也不是每个老百姓都懂这些技术操作，即便学会了这些技术操作，也不是每家每户都配有平时很难用到的扫描仪。对老百姓特别是一些老年人来说，网上立案就是一个过不去的大麻烦，的确增加了他们的诉累。而且强迫网上立案在对这些相对弱势的老百姓构成现实障碍的同时，居然催生出一个“网上立案”的新产业，他们在法院附近摆台电脑、扫描仪，接上网就可以开张，操作简单，收费则让人瞠目。于是，我们耗资甚巨的，以减轻老百姓诉累、进一步解决“立案难”为目的的网上立案，反而吊诡地促成了增加老百姓诉讼成本的局面，这件事值得我们重视。

上面说的这个情况还只是让老百姓多花几个钱的问题，并没有影响到诉讼过程的正常展开。而在某些情形下，强迫案件流转信息化，就可能完全打破整个诉讼法的基本架构，让审判工作无法进行。

当事人对一审判决裁定不满，在法定期限内提交上诉状并缴纳上诉费，那么依照诉讼法的规定，其法定诉讼义务就已经完成，人民法院就应该依法及时向上级法院移交诉讼卷宗，并尽量减少卷宗在途时间，让当事人的诉讼权益尽快实现。但有些地方规定了一种强行网络提交上诉状的模式：当事人在提交完书面上诉状后，必须在网上提交上诉状，否则二审法院不接受一审法院卷宗。这就立刻让胜诉方当事人和一审法官进退维谷、陷入困境。实践中当事人上诉其实可以分两种情况，一种是真心对一审判决不满，一定要到二审法院讨个公道；另一种则是明知一审判决没有问题，自己就该给对方钱，上诉只是为了拖延履行义务的时间。

在第一种情形下，法院通知上诉人在提交完书面上诉状后再在网上提交一次，上诉人是非常有积极性的（最多不过是花几个钱让那些“网上立案”从业人员代为操作），不会多花费多少时间。但如果是第二种情形，那强迫网上提交上诉状就会成为上诉人从诉讼技巧的角度拖延时间的帮凶，而且让基层法官束手无策、无可奈何。当事人已经在上诉期限内交了上诉状、交了费，法官就不能说人家的上诉义务没有按期完成，也就没有什么理由强迫要求上诉人必须在网上提交上诉状，当事人甚至可以明确拒绝法院这样的要求。更让人无奈的是不明确拒绝，而是反复拖着就是不在网上提交，法官只好不停地催促，不但凭空增加了法官的工作量，而且让胜诉一方的当事人对法院产生愤怒、不满。胜诉方本来对法院的判决是接受甚至是感谢的，只因为案子老是这样悬而未决，权利迟迟得不到实现，就改变了对法院的正面态度，甚至怀疑一审法院是故意刁难。与此类似的情形是，在有些管辖权异议案件中，一审法院驳回异议后，被告递交上诉状后就是拖着不在网上提交，那么案件就根本无法往下进行，这同样会让急于实现权利的原告产生极大不满。

从诉讼法律规范的角度看，在网上提交立案、上诉信息都不是当事人的法定义务。因此，基层法院不能因为当事人怠于在网上提交相关信息而对其科处相关惩罚，也不能因这种行为让其承担“视为撤回上诉”的责任。这就凭空造就了一个法律无法触及、无能为力的困境。借此困境获取时间利益的是不法当事人，守法公民却因此而增加机会成本，司法机关的审判效率也因此大为下降。这些都不是推进司法工作信息化所欲的后果。

如果我们回过头来认真想一想，这些后果是司法信息化本身造成的吗？不是，它是形式主义式的强迫信息化造成的。我们应该把当事人网上提交立案信息、享受司法机关在网上提供的便利服务当成一种当事人可以自行选择的自由，而不能把它作为一种不得不为的义务。我们不能把内部考核要求强行外部化，让当事人承受这种强迫信息化的苦果。毕竟，信息化不是我们工作的目的，它只是我们完成人民法院工作的手段，它也必须服从服务于“让人民群众更有获得感”这一目标。

法治·社会

“我和你深深嵌在这个世界之中。”苏力所说的世界，当然就是人的世界，就是人的社会。我们对一切事物无论是主动的还是被动的判断、思考抑或反应和行动，都带着无法抹去的，在我们生存的当下社会中展开的时代背景。它既潜移默化着我们的知识前见，又悄悄规训着我们的行动目标。法治或者说秩序也只能在社会系统无法避免的熵增中博弈演化，从而波浪式前进、螺旋式上升。概念的清晰与现实的复杂之间的张力，给了我们有益也有趣的观察。

从清廉态度到清廉行为

广州市委原书记万庆良在庭审中面对着一个多亿的贿赂指控，认罪悔罪，痛哭流涕。媒体整理了他“出事”前慷慨激昂、掷地有声的廉洁话语，让人直白地看到了他的阴阳两面。比这更黑色幽默的是济南市委原书记王敏，在被组织带走的当天，当地报纸的头条还是他在廉政教育大会上的发言。媒体后来进一步深度挖掘了他们分裂的人格，他们能够用高高飘扬的理想主义旗帜把自己感动得热泪盈眶，但这眼泪丝毫没有耽误他们感动完毕之后紧接着的猥琐和肮脏。

这两位并不是特例，我们在所有权倾一时后又锒铛入狱的大小老虎身上都能看到这种“廉洁”秀。舆论往往将这样的贪官骂做骗子、“演员”。这些被称为具备“表演型人格”的家伙，不仅演给上级、下属等外人看，更演给自己看。在忘我投入的激情表演中感动自己，让自己陶醉、得意甚至骄傲于自己的“高尚清廉”，以麻痹内心尚存的一丝天良，欺骗并逃避它的拷问。

类似这种表里不一的行径并不仅仅出现在贪官身上，人们也常常用“满口仁义道德，一肚子男盗女娼”来讽刺那些未必在官场中生存的各色伪君子。正是看到“知行不一”“知道做不到”这种士人通病，王阳明先生才区分做不到的“伪知”与做得到的“真知”，并将“致良知”作为自己的终生追求。不过，如果我们对贪官的这种表演止步于揭露、批判和痛骂，那对问题的解决也并没有多少助力。批判的武器无法代替武器的批判，对腐败问题的防治来说，最重要的是找到行之有效的解决方案。防治腐败的根本在于廉政制度建设，但也不能忽视廉政预防教育的功能。笔者认为，如果我们能够探索出一种有效的教化模式，那官员是可以提高从清廉态度到清廉行为的“知行合一”率的。

对事情的态度与行为不一是人类生活中的常见现象。比如：人人都能对健康生活方式说出个一二三，但只有极少数人把它持续成习惯；那些时刻喷云吐雾的老烟枪心里同样明白吸烟有害健康，同样会教育子女不要吸烟；那些在微信朋友圈里大喊远离手机、反对碎片化阅读的誓言从来就没有人当回事；每一名学生都知道作弊可耻，可如果没有老师监考，就会有很多人宁愿耻辱……这些人都具有和万庆良、王敏类似的心理活动轨迹：无法把自己正确的认知态度贯彻为自己的行动，无法做到“知行合一”。心理学家曾经做过一个让人不太舒服的“道德伪善”实验，证明了当道德与贪婪竞争时，胜者大多时候都是贪婪，从而说明具有道德的态度不足以让人预测其一定会有道德的行为。在这些研究的基础上，心理学家们也做了很多关于如何打通态度和行为、提高人的自控能力的有益探索。这些探索我们都可以在廉政教育活动中借鉴。

态度是主体对外在事物的基本看法、基本立场。虽然我们都知道丰富多元的现代社会允许人们对相同事物拥有不同态度，但一些起码的大是大非还是不允许各自表述的，因为这毕竟是一个有基本尺度的法治时代。对体制内的各级官员来说，“贪污受贿”“以权谋私”“与他人通奸”等种种行径是错的，都是人所共知的常识。这些观念其实并不需要受多少教育就能理解，就能够为人提供明确的行为指引。那些最终伸手被捉的贪官不是“不知道”，而是“做不到”。我们也注意到不少贪官在忏悔时会说自己忽视法律学习、没有法治观念云云，但我们心里都清楚，这只不过是他们抱着一种“不知者罪轻”的侥幸进行的“装可怜”表演。

反观我们的廉政教育，大多是围绕着培养正确态度进行，无论是纪检知识学习、强制测验还是大会小会上的领导训话。这种教育模式的立足点就是态度决定行为，试图通过培养受体对清廉的清晰态度让其产生清廉行为。而正如上文所说，各级官员的清廉态度基本上已经具备，反复强化态度也许真成了劳而无功。社会心理学家的确曾经认为研究人们的态度就可以预判人们的行为，但后来更倾向于相信这种一致更局限于极端态度与极端行为之间，比如恐怖分子对生命的漠视态度会让他们产生对人对己的极端残暴。而在日常态度和日常行为之间则往往存在距离，常常是为违反了自己日常态度的行为寻找各种理由自欺。而且就主体个人来说，对一种新事物在开始时往往因兴奋好奇而保持极端态度，时间越久，就越会把它减等为日常态度。“狼来了”的故事，反映的就是这个道理。

在日常领域，美德的鼓吹比美德的实践容易得多。虽然各级贪蠹们的赃款数额让老百姓瞠目结舌，但对他们来说，这些行为都发生在自己的日常工作生活里面，并不足以对自己的神经产生一种“极端”级的刺激，他们对它的态度也逐渐从掌权之初的极端态度变成了权力得心应手后的日常态度。这恰好解释了为何大多数贪官都有过清廉的开始，为何“靡不有始鲜克有终”。人的心理是有规律的，态度从极端到日常是规律使然，它是认知事物的基本过程，并不是贪官本身就有多么坏。

笔者在不少廉政报告中都听到过类似这样的话：“把每一天都当成工作第一天那样”“都要找到刚参加工作时的那种感恩和振奋”，这些话其实就是希望官员们能够对清廉问题保持一种刚开始接触时的极端态度，通过这种极端态度保证清廉行为的持续。然而正如我们看到的那样，这种强化态度的行为产生了万庆良、王敏式的好“演员”，真正的效果却不尽如人意。

心理学家为打通态度与行为之间的壁垒做了很多努力。他们发现如果在行动之前认真思考甚至对外宣布自己的态度，那么可以有效保障二者的一致。但这种办法并不容易在反腐倡廉过程中借鉴，因为我们无法预判贪赃、受贿、与人通奸等会在何时发生，从而走到他跟前请他大声宣布自己的态度。心理学家同时还发现提高自我意识能力也会有效保证行为符合态度，比如人们在镜子面前的行为会比不在镜子面前更规矩、更文明。一项以学生作弊为研究对象的心理实验表明，在没有监考人员的情形下，未安装镜子的教室里有 71% 的学生作弊，而安装镜子的教室里只有 7%！这个比例让人振奋。如果我们借鉴到腐败预防机制中，完全可以在极有可能成为官员腐败发生重要场合之一的办公室里安上镜子，让他随时能看到自己的面目，提高自我意识，让自己在自己面前说话算话，让行为符合态度。

在态度与行为不一的讨论中还有另外一种看法，那就是如果主体的态度是一种源自内心的主动态度，那么它对行为的影响力会大幅提升，因而可以通过这方面的努力提高行为控制程度。我们在廉政教化过程中也采用过类似的方法，比如以清廉为主题演讲、到监狱听贪官讲述堕落之路等。这些都可以激发出官员对清廉高尚、对腐败恶果的感同身受，起到了控制腐败行为的积极作用。但心理学家并不止步于此。

担任过美国心理学会主席的菲利普·津巴多是当代最有影响的心理学家之一，他在与人合著的《态度改变与社会影响》[①]一书中告诉我们，通过“角色扮演”中的自我说服和自我归因，可以让“主动的头脑产生持久的态度”。为此，他引证了 20 世纪 50 年代的戒烟实验：随机产生的两组女大学生，一组按照

---

① ［美］菲利普·津巴多、迈克尔·利佩：《态度改变与社会影响》，邓羽等译，人民邮电出版社 2007 年版。本文引述内容详见该书第 90 页以下“自我说服与角色扮演”。

传统的方法聆听吸烟有害健康的报告，一组则让她们扮演一个因吸烟导致肺癌的患者的求医过程，让她们体验求医过程中的煎熬、恐惧和痛苦。研究证实了两种手段的巨大效果差异，角色扮演组无论戒烟意愿还是嗣后的戒烟行为，在实验完毕与长期跟踪期间的表现都大大优于对照组。津巴多为此进一步分析道："主动进行角色扮演时，就全神贯注于形成支持这一角色的观念中。结果，相对于只是坐在那里聆听，在角色扮演时不大可能在脑海里出现反向观点，"① 从而"让自己相信了这个角色的一些观念和情绪"②。正是由于"自我说服比从他人那里接受信息具有更强的影响力"③，角色扮演可以诱导出强烈的自我说服，所以我们没有理由不在廉政教育中借鉴这种办法。

说到角色扮演，有的朋友肯定会嗤之以鼻。他们会说，这些贪官在被查出之前哪个不天天在演戏？不但把自己扮演得清正廉洁，而且从来不忘记对别人挥舞廉洁大棒啊！他们怎么就

---

① ［美］菲利普·津巴多、迈克尔·利佩：《态度改变与社会影响》，邓羽等译，人民邮电出版社 2007 年版，第 93 页。

② ［美］菲利普·津巴多、迈克尔·利佩：《态度改变与社会影响》，邓羽等译，人民邮电出版社 2007 年版，第 93 页。

③ ［美］菲利普·津巴多、迈克尔·利佩：《态度改变与社会影响》，邓羽等译，人民邮电出版社 2007 年版，第 93 页。

没有通过“角色扮演”诱发出强烈的自我说服呢？

我想这应该是角色选择的问题。津巴多所引证的实验用的是让烟民体验肺癌患者痛苦的方法激发其态度，如果实验采用另外一种角色扮演，让烟民扮演为他人治疗肺癌的医生角色，恐怕效果就远远不如前者。因为前者体验到的是自己的痛苦，后者还是在观察别人的痛苦，从诱发内心自我态度的角度看，后者肯定优于前者。

而贪官们其实并没有在自己面前扮演“贪官”，并没有体验过“贪官”带来的沮丧、懊悔和痛苦。他们扮演的是正大光明的“清官”，他们体验到的是清廉带来的尊严与荣耀——这些积极的情绪体验不但没有诱导他们产生对腐败的厌恶，反倒在自己内心完成了一次又一次的逃避和欺骗。他们就是在这样的“清官”角色扮演中获得了暂时的安全感，舒缓了心灵深处的紧张，哪怕只是一时的欺骗。

角色扮演已经被心理学家证明有助于保持行为与态度的一致性，基于此，笔者建议在我们传统的廉政预防教育体系中增加“贪官”角色扮演这项内容。在条件允许的情形下，给一些重要岗位的领导干部设计一次心理实验，让他亲自体验贪赃败露后的种种痛苦。条件不允许，也可以采用简单的方法，让领导干部根据自己的级别、经历选择合适的贪官材料，站在贪官的角度写一份“忏悔书”，在写作的过程中进入角色，亲身体验一把弄权的快意与报应的滋味，从而诱发领导干部们对贪腐自发的、强有力的“厌恶”态度，以保证其拒绝腐败行为的持续性。

与“吸烟有害健康”一样，“腐败可耻”的观念已经成了人们的共识，如果对各级官员做一个测试，没有人会在这种认识面前给出错误的态度。但“思考是简单的，行动是困难的，让一个人的想法付诸行动是最难的”。（歌德语）我们已经通过多年的警示教育、宣传，让各级官员树立了对清廉问题的正确态度，如今已经没有人会说当官贪污受贿是正当的。我们接下来的工作应该是寻求从清廉态度到清廉行为的转化与升华，因为无论是对于普通老百姓还是对于我们的国家，重要的都不是官员们“态度”如何好，而是他们的“行为”怎么样。

制度、德行及其实现*

关于制度和德行的关系，思想史上有两种对立的看法。制度决定论者在强调制度对整个社会生活的主导意义的同时，进一步认为看似属于人主观世界的修养操守等问题也是由制度决定的，“好的制度能够让坏人变好，坏的制度能够让好人变坏”。德行独立论者则从“心外无物”出发强调个人操守的独立性，强调“学者为己，为美七尺之躯”，甚至“理性为自然界立法”，最终让自己“心中的道德法则”取得和“头上的星空”一样亘古永恒的地位。

在以“现代化转型”为历史大背景的当下中国，制度决定

* 本文是笔者2013年8月对上海法官集体嫖娼事件的评论，该事件系近年来发生的恶劣司法丑闻之一。本文发表于2013年8月15日的《时代周报》，收入本书时有修改。

论显得更有解释力，也具有更多市场。上海法官集体嫖娼丑闻发生后，舆论大哗，批判乃至辱骂，声潮鼎沸。鼎沸归鼎沸，不同主体基于各自不同的立场，声音还是各有不同的。

我们能够注意到，无论是声色俱厉的批判派，还是满腹委屈的解释派，在制度决定德行这一方面都是相同的。批判的声音认为之所以出现这种丑行，根源就在于这现行的司法制度，需要作根本性变革；解释的声音同样也认为，如果不改革现行司法体制，难以避免这样的秽行再次出现，需要作以法官独立审判为旨趣的去行政化改革。

不难发现，这些关于司法体制乃至制度的改革倡议都是某种程度的老调重弹。无论法院系统出现什么事情——冤假错案、索贿受贿、拖延推诿乃至本次的集体嫖娼，论者便习惯性地提高到制度层面上讨论，似乎不如此便不足以跳出“就事论事”的浅薄，不足以体现反思的深刻。“就事论事”是个“卑之无甚高论”的简单东西，然而这种简单，却保证了我们观察的客观与实际，从而保证了最终结论的可接受程度。

和无证驾驶一样，嫖娼在法律上的负面评价最多也就是罚款拘留。后者之所以如此吸引眼球、引发人们的愤怒，并非因为这是程度较轻的违法，也不仅仅是因为法官嫖娼违反了相关纪律，而是因为它触动了当下中国民众的诸多道德禁忌：“忠实于妻子”和“性的私密”，于是也就不难理解为何人们在讨伐丑行时更多地使用“无耻”这样的字眼——羞耻感本身就是道德的重要元素。

那么这种羞耻感以及基于使自己免于羞耻的自我保护心理而产生的自控和自律，和制度的完善真的正相关吗？

即使我们不否认在一种更完善、更健康的制度下，法官的德行会进一步提高，在目前这种所谓不怎么完善的制度环境中，将这些法官品行的丧失全推给制度是不是也多少有些不负责任？有道是“沧海横流，方显英雄本色；时轮劫浊，才知莲华高洁”。倘若一味随波逐流，人又何以称得上人？反躬自省而不迁怒于外物，才是君子责己的真谛。

于是我们看到了真正的问题，法官之所以有此等污秽行径，不是由于制度上存在着对这种肮脏的激励，事实上，嗣后严厉的惩戒恰好说明我们的制度在惩恶方面还是有效的，而是在于涉事法官缺乏羞耻感。他们可能把这种集体嫖娼当成一次普通的社交活动，彼此之间连必要的掩饰都没有。恬不知耻，又如何得勇呢？

这几位法官的“小人之学”让其无耻，继而名裂，批判之余，我们更要思考的问题是如何让人获得羞耻感进而产生自控。靠学习相关纪律规范？答案不容乐观。这几位法官对不能嫖娼的制度禁令不可能不清楚，其中一位还是专门的监察人员，另一位则在报纸上大熬心灵鸡汤，告诉人们家庭要和睦恩爱。我相信假如让他们讲话，让他们给其他法官上课，他们肯定会坚定地批判此等丑行。这种知行不一的伪善，到何处寻找力量去对治呢？

无论我们多么强调制度在西方文明中的重要意义，我们都不能回避其教堂遍地的客观现实。宗教，确切地说，是以宗教为基础和约束机制的道德观念，在西方国家治理和司法制度中起着举足轻重的作用。它不仅降低了法治实现的成本，而且保障了法治运行的方向，使得恺撒与上帝在一定程度上融合为一，“上帝在盯着你”成为人遵守世俗制度（恺撒）的有效激励。

传统文化中，道德教化的核心内容是基于善恶报应的天道，然而“天难谌，命靡常”，当天道久不昭彰的时候，为非作歹之前则只会有利益上的算计。这几位法官不就是如此？他们在政府定点的接待酒店，他们自信如果公安查房也能搞定，他们觉得大家互相都不会告发。他们认为邪恶的代价几乎为零。他们不考虑口碑，也不在乎报在子孙。无所畏忌，也就会无恶不作。

在当下的中国从何处寻找这种主体内心的自控力量，从何处寻找让人获得一种对道德的敬畏感，这一直是让笔者非常纠结的问题。在科学昌明的今天，让人们傻傻地信任报应基本上不大可能。这份纠结却被这个坚持一年偷拍的先生点醒了。我们过去说群众的眼睛是雪亮的，但这份雪亮大概更多的只是一种宣示和姿态。现在我们可以加上一句：群众雪亮的眼睛在现代科技条件下成为现实。所以，尽管我知道这位先生的偷拍行为在法律上并不是太站得住脚，但我仍然要向他表达我的敬意，因为他的行动告诉有权者：要有对群众的敬畏。敬畏的时间长了，也就逐渐有了道德。

“命案必破”导致冤假错案？

随着传播技术的日益发达，刑事方面的冤假错案由于它天然的新闻性日益为人们关注和重视，同时也引发出对冤案产生原因的各种探究和分析。在这些舆论中，有人把公安机关的一句常见的口号“命案必破”拿出来说事，认为正是这样超过刑事侦查现实能力的“必破”要求才导致公安干警在办案过程中产生巨大的心理压力，从而孤注一掷、刑讯逼供甚至罗织构陷。这种分析看起来很容易被人们接受，因为它符合大众的一般心理认知：人会在较强大的外在压力下失去判断是非的能力以及职业良知，警察也是人，当然也不会例外。基于这种原因分析，论者也会进一步提出他们关于降低警察办案压力从而防止冤案产生的政策建议。

这种看起来成立并且温和的能够为各方接受的看法其实是

值得讨论的。笔者认为"'命案必破'导致冤假错案"的论述之所以不像其他诸如刑讯逼供、程序正义之类引起较大争议，并非因为是这种分析更接近真相，而是它恰好同时满足了各方的要求：既满足了体制外的批评欲，又多多少少掩盖了体制内的真正问题。

我们先看一下和破案率有关的数据。2017 年全国命案新发案件数量下降 9.7%，新发命案破案率高达 98.8%，全国命案积案破案数上升 95.1%，中国已成为世界上命案发案率最低的国家之一，每 10 万人发生命案 0.81 起。[①]

公安局的同志有句老话，叫"案情就是命令"，这里的案情在大多数情况下指的就是重大案情，尤其是命案。"命案必破"不仅是一个口号，还是一个重要的警力动员机制：有限的人员会停下手中的日常工作（如普通案件的侦查）迅速被抽调到"一线"，各种侦查手段能用就用，以前非常抠门的财务部门也慷慨地大笔一挥，"要多少，给多少"，钱大把大把地烧也顾不上心疼。上级通常会安排富有才华和经验的刑事警察（一

① 参见靳高风等：《中国犯罪形势分析和预测（2017—2018）》，载《中国公安大学学报（社会科学版）》2018 年第 2 期。

般来说会在公安局内部有相当职务）负责，这无形中又增大了命案破案组的气场，有利于各方面的协调，因为此时组织者个人的人脉、影响力统统可以派上用场。

“集中力量干大事”应该算是我国的一种传统习惯，它在公安局的体现之一就是将有限的资源集中起来侦破以命案为代表的重大刑事案件。这种价值观念（或者说政绩观念）以及动员机制的正确性当然也不是没有异议，比如不少朋友就批评它影响了普通刑事案件的侦破。这自然也是一个见仁见智的讨论，但这与“命案必破”已经成为冤假错案的激励因素还是两个问题。

我们首先看一下将冤假错案的产生归因于“命案必破”的基本逻辑。在现实生活中，有相当多的命案由于犯罪人的狡诈、证据的遗失、刑侦技术的限制等原因最终成为没有任何头绪的疑案，不能侦破这些案件，一定程度上跟公安干警的工作态度、责任心等主观问题有关，但更多的是受制于客观环境。人们无法指望命案的侦破率达到百分之百，前文的数字就告诉了我们这个冰冷无奈的现实，它不是一个自由意志问题，人们也只能正视这个现实。超越客观现实的制约性，对公安干警提出“命案必破”的强行要求，就会成为公安民警办案的紧箍咒，成为其为完成任务而出入人罪的催化剂。论者进一步认为从外在要求变成干警违法冲动的潜在逻辑是，如果承担破案职责的干警侦破不了这件“死了人”的案子，就会处于职务上的不利境地。这种不利要么是存量降低（丢官或者处分），要么是增量绝收（以后没有了晋级提拔的机会）。反过来说，如果这样的命案侦破多了，办案人员就能够获得足够的提拔晋升机会。在这种语境中，“命案必破”这种超越客观现实制约的刚性束缚其实代表了一种公安奖惩机制。

让我们还是把眼光投到现实生活里。“命案必破”自公安部提出以后，就一直没少在各种公安会议上出现，也出现在不少公安干警的就职演讲、来年规划中。但是，恐怕还是很难说这个口号真的构成了公安干警现实工作的强大束缚，笔者认为它一定程度上还是停留在口头层面。在这里，笔者想强调指出这是中国当前的一种政治文化：人们喜欢把一些宏大但是并非当下可就的美好词汇当成工作的终极目标喊响，比如“杜绝一切腐败现象”“风清气正”，还比如“不让任何一个人掉队”，等等。虽然这些口号都在一定程度上超越了现实可能性，但它们都起到了凝聚人心、鼓舞干劲的作用，如果我们把这些口号换成更科学严谨的表述，显然会失去振奋精神的作用。另外它同时也体现出一种“法乎其上得乎其中”的古老智慧，人们只有把目标定得更高，才会取得更好的成绩。试想，如果代替它的口号是“量力而行，能破多少算多少，尽量争取破更多的案子”会是什么局面？那公众肯定会指责公安局浪费纳税人的钱财。

然而假如——其实正如我们所观察到的，不是假如，而是大都如此——你没有达到这个要求，人们也很难观察到一种由此引咎辞职的制度，除非这个个案碰巧处于舆论的风暴眼中——即便如此，仍然有不少被撤职官员静悄悄复出。所以，我们可以在经验层面上说，这些大口号，一定程度上可以说是“说说而已”。破不了这个命案，肯定会面临团体压力，包括同事关于“这小子白吃饭、没本事”的指责和外界相对激烈的挖苦甚至谩骂，这些压力永远都会存在。但它跟“命案必破”的口号几乎没有多大关系，因为你就算没有这个口号，这些压力照样存在。而且笔者认为只有那些真正具备职业良知的好警察才能感受到这种压力，压力成为他们完成职责、找到自尊的动力，而那些混天度日的懒警察则根本不会把这些压力当回事。有压力不一定全是坏事，更有可能是好事，所以我们不能因为有压力就断定“命案必破”成为公安干警面对命案时的紧箍咒。

进一步的问题是，不少人认为“命案必破”代表了一种公安内部的激励机制，他们认为公安干警的提拔、晋升乃至处罚、处分都严格地跟破案率挂钩，干警们正是在这种强大的职务晋升激励面前产生强烈的工作办案动力，才冲破理智束缚违法办案的。这种激励机制不能说没有，但是否强大到足以撼动办案人员的基本良知，的确值得讨论。

不难发现，拿着“命案必破”说事的批评者在很多时候也是“公安干部队伍腐败”的批判者，但很可惜，他们并没有注意到这两个说法在现实中的矛盾。因为这其实是对公安干警提拔晋升机制的两种极端且对立的概括。

其实，与整个干部提拔晋升体制一样，我们根本无法取得任何关于公安干部提拔晋升中的腐败程度的基本数据。我们只能从“信息优势者”那里，比如竞岗失败者的牢骚抱怨或者胜出者或明或暗的吹嘘，在时不时被曝光的腐败案件中印证一个大体能够接受的判断：这支队伍的晋升激励中是存在相当程度的贿赂现象的，买官卖官并非什么极少数的个案。能够让“屌丝”干警出人头地的东西更多地决定于同权势者的关系，要么你是人家的少爷、姑爷或者师爷（秘书），要么你就拿些“润滑剂”开路。或许人们会指责我这种陈述没有真正的证据，笔者也承认这不是一次严谨的社会学证明，但笔者同样认为这是一种基于生活经验而得到的一种常识，而且这种常识并不违反中央、坊间对反腐形势的基本判断。如果这种判断成立，那么它的确对抗着、反对着以“命案必破”口号为代表的奖惩晋升机制。

尽管中央的铁腕反腐已经让我们对此逐渐抱有了坚定的信心，但它的完全实现还需要一个过程。一个长期在体制内生存的“干部”如果还坚定地抱有“奖励军功”的信念，指望靠着在破案方面的优异表现获得提拔，很可能会被嘲笑为一种不切实际的幼稚。他们多年的体制内生存智慧会让他们把“命案必破”代表的这种晋升奖励观念当成自己的工作动力？我想答案应该是否定的，因为另一个广泛流传的段子在讨论什么是“大傻”时没有忘记这么一种情形：“努力工作等提拔”。

论者在讨论冤假错案时总是倾向于把警察极端化为一个亢奋的、具有强烈惩办冲动、合法伤害动机的怪兽，由此进一步解释或暗示警察在调查过程中的罗织和构陷。非但如此，他们还用“命案必破”为代表的职务晋升机制来暗示公安干警办案的晋升“私欲”，从而让自己在舆论场中居于一种道义上的优势，因为他们的话里至少暗示着公安干警侦破案件不是为了

“保一方平安”“造福百姓”，而是为了自己的位子和帽子。但以上这些我们在经验层面上基本上都无法找到成立的证据，何况我们还有一些明哲保身的人士“为了不出事，宁肯不做事”。如果不是有这种无法接受的怠政现象，习总书记又怎么会专门指出“不许对群众的报警求助置之不理”？还反复强调“敢于担当”？他一定是发现了在公安队伍中同样存在而且是足够严重的不作为、懒作为。

并且，笔者还想请大家注意一种基本上成了群体无意识的“警察是肥差”的观念，这种观念能够支持“命案必破”压力导致“警察面对案件时具有强烈的伤害嫌疑人的动机”的说法吗？不会。因为，警察如果想获得贿赂，他更多的寻租机会在于放纵罪犯，而不是打击罪犯。

“世界上没有相同的两片树叶”，冤假错案的产生原因同样因案而异。我们想减少错案的产生，只能深入到具体案件中具体分析，从中找到具体的、技术性的教训。而不是大而化之地、似是而非地、笼统地把原因归结到某个口号。这既体现出论者懒于作具体分析的惰性，还反映出他试图“一言安天下”的妄识。这的确就是一种妄识，你说这个口号是冤案的原因，是不是换个口号，或者不喊口号就会让冤案数目下降一个百分点？

我想那也只是想想罢了。真要缓解公安干警的办案压力，还是要从加强队伍建设等打基础的工作抓起，毕竟我们的警察人数在人口中占比还是相当少，装备也算不上好。反对一种“说法”的“说法”，同样只能是一种“说法”。

正义的跨越与潘多拉魔盒

——对念斌案讨论的讨论

念斌被福建省高级人民法院宣判无罪①后，舆论场上照例是热闹和欢呼，字里行间洋溢着胜利和幸福，喜悦地谈论正义

① 念斌投毒案：2006年7月27日夜，福建省平潭县澳前村17号两户居民家中多人出现中毒症状，其中两人经抢救无效死亡。警方经过侦查，很快确定是人为投入氟乙酸盐鼠药所致，认为其邻居念斌有重大作案嫌疑，念斌被逮捕，提起公诉。后该案历时八年十次开庭审判，四次被判处死刑立即执行。2010年10月，最高人民法院以“事实不清、证据不足”发出不核准死刑的裁定书，并撤销原判发回福建省高级人民法院重审。2011年5月5日，福建省高级人民法院也撤销了福州市中级人民法院对念斌的死刑判决，该案件发回福州市中级人民法院重新审判。2011年9月7日，该案在福州市中级人民法院再次开庭审理，再次对念斌判处死刑，剥夺政治权利终身。2014年8月22日，福建省高级人民法院作出终审判决：一、撤销福州市中级人民法院（2011）榕刑初字第104号刑事附带民事判决。二、上诉人念斌无罪。三、上诉人念斌不承担民事赔偿责任。

的降临，同时还很识时务地将它和即将召开的四中全会联系起来，用它来隐喻法治春天的气息。照例的同时仍然是照旧，对政法模式的批判，对刑讯逼供的讨伐，人权、程序之类的“当然正确”再一次充斥坊间，组成或大或小的一篇篇文字，共襄出国人的集体狂欢。激情和畅快之时，那个叫“虾”[①]的从名字就可以大概知道其草根出身的贫苦女人的伤痛，那两个惨死的孩子——这些在平时足以调动大众全部的同情、怒火和口水——统统隐去了，人们也不愿意正视“没有充分证据证明念斌投毒”不等于“念斌没有投毒”这样不识时务（是的，不识时务）又让人不舒服的问题，而多少有些虚骄地躲在程序公正、疑罪从无、现代法治文明等光彩炫目的大词下面感受甚至享受自己突然增长的理性和智识，让自己文明和现代起来，让自己和先进者、引领者们一起见证了正义的降临。

一、两种正义

被告的确没有杀人，法官判决其无罪，这是一种基于善

① 两位惨死儿童的母亲名字是“丁云虾”。

恶报应观念的广为接受的传统正义。如果人们能够确信自己在事件中秉持的是这种正义观念，他的内心世界是和谐的，良知与规范在这里没有对立。我们可以把这种正义称为正义一。

被告或许没有杀人，或许就是他杀了人，但检方的证据不足以证明其杀了人，法官也要基于疑罪从无的“现代法治”原则判决其无罪，这同样被视为一种正义。并且，由于近二三十年不遗余力的观念传播，这种正义已经具备了相当广泛的受众基础——在许多公共讨论中，我们发现它已然成为讨论者不证自明的知识背景，成为一种新的、当然正确的“常识”。这种正义我们称为正义二。

正义二尽管已经是公共讨论中的当然正确，但当它遇到具体的案件时则多少还是有些气虚，毕竟它有相当大的可能意味着你眼睁睁地看着一个烧杀奸掠的恶棍从法庭走出去，带着更丰富的反侦察、反审判经验去祸害更多的弱小，你还要给他最低限度的道义认同，你要说他是无罪的，甚至还要说他是冤枉的，让他带着狰狞的嘲讽昂首走向公众。这种对良心的拷问和折磨或许是痛苦因而无法直面的，于是很多正义二者倾向于费尽心机地把正义二上升到正义一：他会论证说这个被告人根本就没有任何罪行，以此来舒缓自己心灵深处的责难。这种舒缓的需要是如此的迫切，以至于持论者已经走到了他们坚持的反面——他们原来认为“被告人是没有义务自证清白”的，寻求被告人有罪的义务完全归属于公权力。

当这种努力遭到障碍或者干脆就无法证成的时候，正义二的维护者们就会躲进早已“普世”化了的概念组成的铜墙铁壁中，用“法治社会的必要牺牲”来搪塞责难，用无涉功能取向的纯粹规范标准来解释刑事诉讼法的各项规则，他们会说刑事诉讼的基本原则就是保障人权，基本目标就是“没有冤案”。显然，他们也知道这样的回答无法让自己的灵魂安息，于是他们迅速将夹杂着愧疚的恼怒转向已经成功被“臭名昭著”了的公权力：你是那么的坏，你每时每刻都有积极构陷的冲动，而我做到了防止你们坏就是最大的正义。

无论是“鲤鱼跃龙门”式的成功跨越，还是在跨越不成之后“此心安处是吾乡”式的就地反击，都能够在人们的激情层面引领一把，都能够至少看起来深层次地满足人们对正义的渴求，因而能够唤起拥趸者的呐喊甚至嘶鸣。然而，激情之后呢？

正义这个词，就算我们不说它是几千年文明史贡献给我们最炫丽的价值观念，至少也得承认它是其中之一。尽管它看起来是在遥远的天国照向人间、指引我们前行的灯塔，但我们其实都应该正视这个有些俗气的现实：正义的实现都是有成本的，每一种正义都有它的代价。

毫无疑问，用正义二取代正义一，冤案的数量会大幅度下降——极端地说，如果判决所有的被告人都是无罪，那么冤案率立刻会下降到零值。有人说司法的最高境界是无冤，但我想如果只把无冤作为最高境界来追求，那么这种所谓的最高境界其实是任何蠢货都能达到的。纳税人花这么多钱设立司法体系的目的显然不仅仅是防止冤案的出现，他们更根本的目的是保护自身利益以及基于一种合理利益边界形成的相对稳定的秩序，并且能够在这种秩序上面对自己的行动和未来有理性地预判、预期。防止冤案当然也是其预期之一，然而更重要的东西显然是防止犯罪。防止冤案和防止放纵罪犯都应该是刑事诉讼追求的目标，如果真的要给刑事司法定义一个最高境界，那么这个境界一定应该包括这相反相成的两个方面。

而如果放弃对正义一的追求，退守为正义二，那么显而易见，“冤案”下降的同时，“纵案”会上升：会有更多的坏人在法庭气宇轩昂地慷慨陈词之后成功“洗白”。普罗大众在跟着精英们高呼的时候或许会对这个代价有隐隐约约的怀疑，但精英们很快便成功地利用话语优势地位以及言语组织能力将这些怀疑给“科学”掉了、“逻辑”掉了。正是这种逻辑的强大破坏力量，让一个可能穷凶极恶的悍匪在法庭上得以戴上正义二的光环——很多时候，证据充分不充分，都是一个逻辑问题。

二、逻辑推疑

我们对这个世界产生信任离不开逻辑，然而同样是逻辑让我们对这个世界产生最根本的怀疑，无论它是不是在我们最熟悉的领域。会有人告诉你跨过的不是同一条河流，走过的不是同一条路。他会问你：“你敢确定你身边这个白发苍苍与你相濡以沫的老太太就是你自己的妻子吗？”你甚至有些惊讶这不合常理的问题，然而他就是要在你惊讶的时候轻蔑又轻松地让你在逻辑的刀锋中人头落地。即便我们没有读过休谟、维特根斯坦，也会在阿基里斯跑不过乌龟的故事里得到启发，那就是语词世界里的逻辑在很多时候是对抗生活世界的常识的，而我们中间的绝大多数显然希望生存而且只能生存在现实生活世界里并在这里获得幸福。也许人们也会对芝诺（阿基里斯故事的创造者）这种英雄欺世式的做派在震撼之余感到恐惧——是啊，如果这都成立，那还有什么是可信的呢？但恐惧之后，却依然没有勇气摆脱这个窠臼。

怀疑论始终就是用它强大的逻辑不断挑战人们不证自明、广为接受的已经作为言说背景的知识，我们也看不到它到底对这个世界有多少“建设性”意义。或许有人会说，对它的每一次回答都能够在新的知识层面上取得重大收获，但我始终怀疑它大概只是一种训练大脑的智力游戏。逻辑推疑在思想史上似乎已经取得不可跨越的历史地位，似乎已经成功地雄踞思维方法的巅峰并冠以科学之名，堂而皇之地接受人类其他思考模式的臣服。由于这种思维强大的诱惑力，不少法律人士都悄悄为其捕获，在一个又一个常规或疑难案件中坚韧地展示它的存在。虽然问题在司法过程中不像在哲学问难里表现得那么极端，但我们同样要对它的局限性和危害性保持清醒和警惕。

蒙眼的正义女神是西方法治文明的元叙事之一，但是在中国，人们却用“瞎了眼”来骂一个头脑昏聩的家伙，人们甚至还希望圣明的判断者不但不被蒙了眼，还能长出第三只眼——

包公就是这样。我们可以从文化差异的角度来理解东西方对“天眼”和“瞎眼”的不同追求，但就对事实真相的现实认知来说，瞎眼显然明显地处于信息劣势。而且即便西方法庭门口树立着蒙眼的雕像，但就我狭隘的阅读量而言，尚未发现一个盲眼的法官在西方法治史上留有传记。因为统计表明，人类获取的信息量绝大部分来自于眼睛，如果放弃眼睛这种重要的信息渠道，法官形成的判断在何等程度上偏离真相都是有可能的。一个蒙了眼的人、一个发现真相的手段严重受限的人作出的判断会是正义的？

人们获得对生活真相认知的信息渠道是非常广泛的，色声香味触都可以通过眼耳鼻舌身进入神经中枢形成印象，产生判读。生活中，人们判断真相需要凭借语词，但有时候还“听其言、观其行”，甚至根本不考虑说的内容是什么，仅仅凭语气、声调、眼神、微表情就足以产生正确的认知了。而一旦进入司法领域，对真相的认知路径马上狭隘为语词，即便是声像资料也一定要用语词的方式表现在法律文书中，而且进入司法的语词本身所包含的信息量也会大幅度小于其在生活中的表现——这是为保障法律思维方式精确所必需，而精确的代价就是信息量的缩减、涵摄能力的下降乃至真相的远离。于是，我们不难发现为何在一个传统社区里大家都心知肚明的东西，一落实到法院的纸面上就不是“那么回事”了。比如，大家都知道张二小在外边包养了小三，他自己似乎也没有否认，但法官却说其妻子没有充分证据证明其对婚姻不忠。用法律事实来替代生活事实是对这种张力的常见解释，我们不否认这种解释对于提高司法机关工作效率的积极意义，但我们还是应该让我们对法律事实的追求尽量与生活事实一致起来。不然，如果连“真”都不能作为一种事业上的追求，我们如何能够把法治和正义这样的顶端价值观念联系起来呢?

接下来的问题是：假如一个案子在语言逻辑的视野中是有疑问的，那么这个疑问是真正存疑，还是仅仅由判断人自身较弱的判断能力造成？比如他不善于从陈述中获取有效信息，他不会对对方的辩驳作出有效防护，他无法驾轻就熟地使用语言来把自己的意思表达清楚，他纵然心里明白咋回事也只是干着急——这些东西恐怕不是笔者的臆想，恐怕也不仅仅在业内的“年轻人”身上才存在。我们确定一个案子是疑案，要不要把当事者本身的分析能力考虑进去？何况这种分析能力又深为我们目前这种格式化的、机械化的文书模式所限制？具体到某些引起巨大争议的案件，我们不难发现，一方是才华横溢、名动天下的大律师，其逻辑分析之强悍功力、驾驭文字之精准恰当让人叹为观止；而另一方则是在体制底层生存的一线司法“民工”，他们的经验和知识能够保障自己“说”过对方吗？逢“体”（体制）称弱是一种相当有效的斗争策略，然而挑明了说，即便是在脑力资源层面，我们也很难说目前的体制有多么的强大。①

中国传统的法律文书是很有力量的，制作者可以在春秋大义、纲常伦理中左右逢源，他可以“五听”，他可以用修辞来对抗他人的修辞。当这些手段在“法治走向文明”的历史口号下都被作为垃圾丢掉时，司法者的分析与说服能力自然也同时下降。诗歌一样美好的美国法院的神一样法官在这个问题上比我们的权限大得多，他们可以随意在自己的文书中写自己想写的东西，他们甚至可以在文书中现身说法用自己的感觉作为案件的定性标准。这些东西，我们都无法想象会成为自己论证的武器。

另外，我还发现美国司法其实是用陪审团制度来消解逻辑

---

① 这当然是需要变革的地方，就算我们不能把体制打造成人才高地，至少也不能是洼地。

的负外部性的，他们把事实认定的决定权交给随机抽选的普通公民，让他们使用生活“逻辑”来判断事实。法庭上面的各种信息，包括争吵、衣着、眼风甚至发型都会被他们考虑进去。笔者认为，陪审团制度的意义除了司法民主、分散司法责任之外，更重要的作用在于尽量消弭两种判断方式的张力，让法律认知尽量符合生活事实。或许这并不是制度设计者的初衷，然而在历史流变过程中，它弥补了逻辑推演的缺陷，抵消了逻辑推疑的破坏。

没有陪审团的外围防护，去掉修辞的说服支持，再加上本人或许不太扎实的语言分析功力——这些情况下的疑罪和来自西方话语背景中的疑罪是否还是同一种事物？

如果大家对逻辑推疑的破坏力仍然没有必要的警惕的话，我们可以看到，即便是已成为共识的南京大屠杀和“9·11恐怖袭击”[①]，都有人出于各种目的否定它们，而且否定者们都运用了精妙但是多少有些邪气的“逻辑”。

① 南京大屠杀和“9·11恐怖袭击”都是主流舆论所公认的历史事实，然而网上依旧有不少文章试图通过历史枝节拼凑出来的推理来否定它们。

三、谁的午餐？

所有的正义都有其代价，天下没有免费的午餐。两种正义观念都有其自己的成本，选择其中任何一种，都不能避免这种选择的成本：要么是冤案上升，要么是纵案上升。如果选择的对象是独立的理性人，是统一的个体，那么这种讨论的意义还不是很大，因为“有此无彼是天然”，并且“此事古难全”。但当选择的对象是内部有着不同利益诉求，不同经济、社会地位，且内部群体时常或明或暗地分裂为精英、草根阵营的一个大国时，我们就必须认真对待这种选择了。一种正义观念在现实生活中贯彻实施，谁的福利会最大化？谁的福利又会降低？对我们的国家治理而言，到底什么是最重要的？

犯罪与刑罚、嫌疑人与被害人、犯案和破案……都是公检法人员需要面对的两难，如果把更多的程序性利益赋予犯罪人，那么必然导致被害人方面的利益下降。很多人喜欢把被害人利益隐藏在公权力后边说话，从而凭空地将一个平等主体之间利益衡量的问题转化为一次吸引眼球的官民对立，而这其实只是在掩饰并逃避真正的问题。极端地说，假如这些程序成为逃避制裁的利器，那么我们还是否需要把它放到正义的高度来坚持？或者，我们换句平和的话，即便这种正义观念是一种伟大的不能放弃的追求，我们当下的这个中国能不能负担得起这个代价？或许有人会说“能”，因为他可以从网上看到大量网民在坚定地支持程序正义，但他忽略的一个基本事实是：人在事不关己的时候所表明的态度往往是不能算数的。有位成天向我普及程序公正的朋友在自己的欠款老是执行不来的时候就愤怒地对我说：“你们为何不打他？养你们法院不就是为了收拾坏人吗？”他们会不会因为对程序的尊重而放弃对实体公正的期盼，从而心悦诚服地接受程序的安排？恐怕不会。他们的愤怒会积累，仇恨会转移，承担这种仇恨的主体表面上看是政府——他会上访、闹访，政府要负责化解和安抚。但根本上还是大众，因为无论怎么处理，耗费的都是纳税人的钱，羊毛只会出在羊身上。

倘若这种因而正义跨越而产生的代价是全体百姓一体均沾，那么我们慨叹一声“鱼和熊掌不可得兼”也就罢了。但假如这种跨越带来的是一个群体的利益增加与另外一个群体的利益下降，正是出于一种明显的利益驱动，使得他们大力鼓噪这种观念，进而给这种观念涂抹上全民性、普适性色彩，那么我们虽然不能用最大的恶意揣测，也还是要有足够的警惕。

显然，以法律人为代表的精英阶层会因为这种跨越而获益。没有受过法律训练的人士基本上是无力掌握这种逻辑武器的，他无力吹开“证据充足”的毛，寻找到“重大疑点”的疵。经济上、社会上更成功的人士才有可能享受到这种精致的法律服务，他们有更多的时间自由去维护自己的各种尊严，如果是弱势的草根，则很可能既没有财力也没有时间让这些法律服务实现。

另外，笔者更想说的是，如果我们真的全方位贯彻这种程序正义观念，获益更大的或许是如今几乎被污名化了的警察。他再也没有这种道义上的义务去发现真凶了，他所需要的只是按部就班地启动他一步步的工作程序！而且，他不会因为自己没有抓住凶手受到指责或者自责，他还会因为恪守程序正义而享受“没有冤案”的美名。这种结局恐怕不是笔者的异想天开。不少人喜欢使用程序正义这个词，笔者也无意专门反对这种用法——修辞一下嘛，也没啥大不了的。我们要注意的是，这种仰之弥高的“程序”是可以空转的，不但可以空转，还能够把坏人“洗白”，甚至包装成好人！而且，对它的坚守，可能会改变我们对好警察、坏警察的判断标准：

长期以来，为民除害、除暴安良是我们心目中的英雄，难道，我们真的让它退化为“恪守程序”？一个常见的、让人不舒服的程序正义反证是：某地提拔了某位年轻“有为”的公子，舆论大哗，组织部门出来解释，他一定会说“我们对某某某的提拔是完全符合程序的”。

社会治安的好坏表面上看起来对全体成员是平等的，但就具体治安福利的享有而言，显然会伴随经济、社会地位的不同而变化。豪强自有其自我保护的能力，草根才更依赖这个长期为人诟病的体制，尽管人们不愿意承认这一点。正义跨越之后，体制实现治安的手段显然会弱化，精英阶层会高屋建瓴地站在历史高度上指出“这是实现法治的必要代价”，但是承担这种生命财产安全下降代价的群体却不是他们，而是那些劳苦工作的、没有多少时间来思考并区分两种正义到底是咋回事的草根大众。

印度是我们的邻国，我没有去过，但去过那里的朋友对我讲述的在那边的真实经历证明，我们的媒体对他们以大量出现的强奸为代表的高犯罪率的描述并不是刻意泼脏水。而我还知道，他们是有司法独立的，他们法律人的地位是很高的，他们比我们更讲究程序正义。但他们的治安状况呢？我不愿意想象我们也过那样的生活。

正义跨越了，或许这不仅仅是历史前进的车轮隆隆碾碎腐朽、落后甚至反动的观念，恐怕同时也打开了潘多拉魔盒。

另只眼睛看“老实人吃亏”

在干部选拔任用过程中不让老实人吃亏，是我们在选人用人方面长期提倡的干部政策。然而，在人事调整之后，每每见到有人发牢骚，认为领导“干活的时候用老实人，提拔的时候坑老实人”。对这些抱怨，我们一方面要看到其中有自我解脱的成分，因为人往往会在内心世界里拔高、美化自己，避免自我否定，不从自己身上找失败原因；但另一方面，我们也要坦率地承认让老实人吃亏的确是一种客观存在的现象，应该正视这个问题，找到解决方案。而且我们应该避免对之作简单的道德判断，“没有提拔老实人就是领导使坏”，把原因一股脑归结到领导人的个人品行上。这种立足于人身攻击的评判其实只能算是叫骂，它能够但也只能痛快一时，结果是既加深不了认识，也解决不了问题。

我们先来界定一下概念，什么叫老实人？大家对机关中“老实人”的理解没有多大争议，就是老实巴交、闷头干活、脾气好、性格温顺，吃了亏也不大好意思吱声。他们对领导尊重到怕的程度，见了恨不得就躲着走；对老百姓也没有架子，时不时地还被一些难对付的当事人气得两眼含泪。他们的工作成绩往往都是不错的，脚踏实地，有钉子精神，想不出活都难。他们的口碑在小圈子里很好，但影响力却相当有限，因为老实人往往有点社交恐惧，工作之外几乎不跟人交往，这样他们的人品也就难以转化成选票。

这样的老实人在干部选拔任用的时候往往会吃亏。他们不好意思找领导提要求，不哭的孩子没奶吃，所以进入不了组织视野；平时交际圈子狭小，推荐评议票也未必有多高，这也导致领导不会把他注意到。就算这名老实同志进入了组织视野，有时领导最后还是决定把机会给那些相对来说不那么老实的人。如何评价这种现象？假设这里面没有买官卖官、任人唯亲或者不敢担当、用人失察等违法、失职因素，我们可以说，在提拔重用过程中假如工作成绩、工作能力都差不多，那么“让老实人吃亏”从而“让不老实的家伙沾光”还是有几分道理的。

笔者这里所说的“不老实人”，当然不是指作奸犯科、违法乱纪的那类“坏”人，那些人在干部队伍中都应该被彻底清除，更遑论提拔重用。如果组织提拔重用了这类“坏人”，就必须承担选人用人方面的政治乃至法律责任。笔者谈论的是狭义的“不老实人”。他们倒也遵纪守法，工作也掉不到地上，但这些人更敢于表达自己的诉求，对自己的利益有不容侵犯的态度。在单位上就算不占便宜，可从来都不让自己吃亏，要是觉得自己吃了亏就闹情绪跟领导吵架，跟同事说话也不留情面，甚至对来办事的老百姓态度恶劣。

领导有自己的考量。老实人往往是个老好人，成年人的性格已经定型，他就算到了领导岗位上也不会有太多改变。他的懦弱性格恐怕会导致他搞不好管理工作，面对同事时会手软，怕得罪人，也许会把一支队伍带散，甚至带坏。还有，老实人永远是个老实人，你就算不提拔他，他也只是肚子里生闷气，冲几个朋友唠叨唠叨了事，领导根本不用担心他会在工作中怠工，也不用担心他会因此对来办事的群众发泄不满，不用担心他会从此走上下坡路，开始变坏，不用担心他跑到领导办公室里哭闹。就算真来了，说上几句“以后还有机会”之类的客套话就能把他打发走。可如果让“不老实”的家伙吃了亏，就会变得比较麻烦。他跟领导闹个没完不说，说不定还闹情绪、撂挑子、不干活，也说不定就在自己工作中发泄不满，甚至索贿受贿，走向深渊。而把他们提上来以后，倒是能够发挥他们不怕得罪人、敢于管理的优势，还有助于提高整个组织的战斗力。老话说得好，不但“慈不掌兵”，而且“一只狼率领的一群羊能够打败一只羊率领的一群狼”。

我们不能说领导这样的考虑都是“狡猾、油滑”的，不能要求领导在决定时永远只考虑干部“老实”这一个水准。因为领导毕竟要面对诸多现实，他要考虑自己日后工作的正常进行，他也要考虑选拔干部后的工作效果，他还要对工作绩效负责。

上面我们从对整个组织和领导个人的双重“功利主义”角度分析了“老实人吃亏”这种现象在一定程度上是有道理的，但这不等于我们完全同意这种做法，不等于我们认为这种做法在价值观方面同样正确。因为组织工作同样是应该有德性追求的，它既要考虑干部工作的“功利”效果，也应该鼓励更多的组织成员成为脚踏实地、勤奋工作的老实人。前文所说的“吃亏”现象，其实是与这种德性追求相悖的。追求这种德性，需要我们与选人用人上的不正之风作长期斗争，形成良好的政治生态，但同样需要我们从整个干部队伍的晋升激励机制上作反思。

毋庸讳言，我们目前干部队伍最主要的晋升激励还是“当官”，组织对工作干得好、成绩优秀的干部最主要的奖励就是把他放到领导岗位上。这种激励很有效，但毕竟僧多粥少，领导岗位有限，激励一部分人的同时也会让另一部分人失落、失望。失望的人里面，可能就有很多扎实勤恳的老实人，而让这些在提拔过程中吃了亏的老实人看到希望的有效办法就是强化非职位晋升激励。

我们目前的公务员队伍中不能说没有与提拔重用等“当官”型激励并存的其他激励制度，但是力度远远不够，而且更多地表现为一种与执业时间有关的自然晋级，缺少对有突出贡献的老实干部的专门激励。它还不足以吸引更多的公务员干部把眼光投入埋头干活、钻研业务、搞好服务上去。我们都知道，在相对来说比较灵活的事业单位体制中，有不少干部会选择放弃领导岗位竞争而安心做好自己的业务，这里既有让社会尊重的职称，又有远高于行政岗位的工资。这种好的做法，完全可以在公务员队伍中借鉴。

这种做法肯定会有反对的声音，但我觉得，他们的主要误区在于忽视了公务员工作同样具有跟科研、文教卫生等事业单位类似的专业技术性，误认为如今高度专业化的公务员工作依然可以只通过热情奉献、熟能生巧来干好。而事实上在当下这个高度复杂的现代社会里，公务员干部面临问题的专业技术难度，丝毫不亚于同领域的专家，没有两把刷子，再有热情也干不好。

承认公务员工作的专业技术特征，建立与职务提拔晋升差不多的职称激励机制，创设与工程师名号类似的各级行政事务专家，再按照同级别的学术职称配发工资，就能够引导更多的公务员眼睛向下、钻研业务，继续踏踏实实做一个“老实人”。这样，既能解决在干部提拔重用过程中的老实人吃亏问题，也能整体促进干部队伍的团结与活力，削减内耗，从而更有效地服务大众。

短与软的想象

经常见到一个跟短与软有关的笑话，笑话的大意是说，以前男士卫生间小便池附近贴的告示是“走近方便、靠近文明”，可老有人不当回事，尿的满地都是。后来管理人员把告示换成“尿不进去说明你短，尿在外面说明你软”，从此就再也没人不守规矩了。

这当然只是一个笑话，我们不能把它当成一种经验事实作出任何推论，因为我们尚没有统计学上的数据来证明告示更换之后男厕清洁程度的提高，我们甚至连个案的观察都不能找到。想想，谁会说自己靠近一步比较卫生的行动是因为对短和软的担心啊。但是，一个流传甚广并且被广泛接受、令读者会心微笑的段子一定契合了受众心灵深处的某种共识。这种心理在平时并不很明显地浮在显意识表面，在突然被别人用与性有关的暗示挖出来的时候就让人感觉到新奇，以及紧接着的喜悦。

问题变得有趣了，这个“短和软”的段子到底契合了人们哪种心理呢？

显然，段子里面提到的两句告示不是在展示一场基于逻辑的说服。尿在哪里和文明程度是有点相关关系的，对公共卫生和他人劳动的尊重是一个人自我修养的组成部分，但这里告示者并没有展示这种逻辑链条，他直白地说“靠近”就是“文明”。而尿不进去跟“短和软”之间如果真有相关关系，那么段子本身也就不成为笑话。两句告示都是修辞，它们的不同不仅在于前者是省略了逻辑链条的修辞，后者是干脆不讲逻辑的修辞；更在于前者给人戴了一顶高帽子：如果你按我的指示去做，那么你就是个文明人；后者则等于说如果你不按我说的去做，那么你就不是个“真爷们”，你的雄性特征很弱小。前修辞是对受众的一种人格增加，后者则是一种人格减等。

作为我们这个时代最有影响力的社会科学家之一的丹尼尔·凯尼曼（Daniel Kahneman）博士，于2002年和他人一起获得了诺贝尔经济学奖，他的获奖词中有这样一句评价：他将经济学与心理学完美地结合在一起。拥有心理学博士学位的他长期就职于普林斯顿大学心理学教席，他对经济心理学的诸多贡献之中就包括对“损失厌恶”决策心理的证成。他发现人们对损失的感受性要大于对收益的感受性，比方说，你今天买彩票中了一万元钱，你很高兴；你今天丢了一万元钱，你很痛苦。虽然同样是一万元钱，但后者对心灵的刺激程度明显是大于前者的。基于“损失厌恶”心理，人们倾向于采取回避损失的行动，这同样被研究者用实验的方式证明。随机选定的两群被试者，被安排在相同的时间内完成一项并不太难完成的任务，分别采用两种不同的激励方式。一种激励是按时完成任务者奖励 n 元，一种是先将这些钱发给所有的被试者，再规定不能按时完成任务者将被收回这些钱，结果显示后者的效率大大高于前者。

丹尼尔的发现恰好能够解释我们前面的段子。相对于人格增加的“文明人”赞誉，人们更不喜欢“短和软”的人格羞辱，人们从而在“损失厌恶”的心理支配下采取了“风险回避”的行动，实现了指示者的意图：把尿撒到马桶里。

这并不是什么稀罕事，我们能够在日常生活中发现不少人都在下意识地运用这种心理来实现意图。比如有人跟朋友借钱，他会采用将对方逼入死角的方法，即你不借给我钱，你就不够哥们、就是吝啬鬼、就是不仗义，等等；而不是采用给对方戴高帽的方法，比如你如果借给我钱，你就是我最好的朋友，以及仁慈慷慨、宽容大度，云云。另外，我们还发现对这种心理的反向运用：骂誓。

经验告诉我们，骂誓是一种相当常见的文化现象。无论说话人的誓言是保证自己一定会去做某事，还是保证自己某种陈述的真实性，他的话语里如果加上“不是那样我就天诛地灭、断子绝孙、媳妇给戴绿帽、出门叫车碰死”等，就更容易取得对方的信任。而且，骂得越狠，对方的信任程度越高，对方为了排除自己的怀疑甚至主动要求将说话人本来就狠的话语变得更狠，变得更难听、更加无法让人接受。比如“爹死娘亡、没爹没娘”之类极端恶毒的诅咒，要知道，这些话如果不是发生在这种以骂誓保证真实和保障承诺的场合，在其他场合可是要打起来甚至出人命的。在骂誓的场合，听者觉得如果骂誓者在这种“誓言”下还敢保证某种行为和事实，那么他就应该是值得信任的。非唯受体信赖，旁观者也觉得话都说到这个程度了，话也就靠谱了。同样，这里面的原因不是大家都喜欢脏话和狠话，还是基于“损失厌恶”心理：受体和旁观者都知道骂誓人和他们本人一样是“厌恶损失”的，所以当他用一种人格上的极度损失来保证某种“东西”时，骂誓者的话就是可以信赖的。

于是，一种用“对人格减等”的厌恶心理保证的“发现真实”方法也就时常出现在人们的生活中了。

可是，这种“保障真实”和“发现真实”的有效手段却由于看起来不那么“干净”因而不能适用于法官发现争议事实的过程中。于是我们就不难理解为何在现实生活中，会有那么多人指责法官“笨”“无能”以至于“查不清事实”。

与学者们以及司法上层眼中的“法律疑难”案件不同，基层法官所面对的疑难大都是事实判断上的疑难。事非经过不知难，没有经历过案件的一审，很难体会到法官在有限的时间内，用有限的资源，以法律政策所允许的手段和方法来获得，并在最后再用一种合乎规范的语言来确定两造有争议的事实是多么不容易。普通的民事案件中，客观性证据往往不足，当事人和证人不说实话又很常见。而且，在当下中国，法官并没有制度授权也没有舆论环境去使用上述那种“损失厌恶”的真实发现方法。因为那样的话，法官会被批评为对当事人进行人身羞辱，或者允许一方当事人对另一方进行羞辱。即便有时候，法官心证的产生的确是基于对“损失厌恶保证的陈述”更可信，他也不能把这些东西写入判决书中，那样会显得有些不严肃，不像“一个判决书的样子”。

人们常常有对法官事实发现不力的批评，常常把这归责为法官的无能甚至对老百姓没有情感和责任心，但并不考虑制度到底给了法官多少空间来发现事实。无论是史料记载的请君入瓮之坏人周兴，还是民间传说中大刑伺候之好人包拯，他们所采用的手段都是同样野蛮残忍的刑讯逼供，这已经为现代法治所不容。现代法治没有明确反对的判案智慧如“辞、色、气、耳、目”之五听，也只能在心里想，不能写在书面上。别说法官用“察其颜色，不直则赧”当事实认定理由，就是正儿八经搞出的测谎结论以及仍然在民间广泛作为真伪探知手段的骂誓方法，都不能作为事实认知手段使用。

立法者们排除这些事实发现手段当然有其道理，它们的主观性太强，也不总是那么精确。我们都知道，从来都有人用自己爹娘的声誉来保证自己的谎话，也有人一边看着“短与软”的告示哈哈大笑，一边故意往外尿。如果授权法官如此，那么法治就不如严格但是笼统地要求法官“用证据来判断”显得更具有客观性，就会给贪墨之辈留有上下其手的巨大空间。这是法治的一种进步，同时也是社会为法治支付的必要成本，它需要承受一定程度的事实失真，它需要接受法官在不少场合无法发现真正的真实。

这就是法治的一种代价。问题是，在舆论已经把法治宣传为牧歌一般动人，天堂一般美好的时候，还有多少人想到这种代价，愿意接受这种代价呢？

对律师放权，促进法治社会形成

随着依法治国基本方略的持续贯彻，整个社会的法治化进程也逐步深入。在整个国家的法治化进程中，包括律师、法官、检察官、警察在内的“以法律为业”的职业法律人的重要性和地位也日益凸显。而在法律人内部，毫无疑问，就一个整体而言，律师是整个国家法治化进程获益最大、收入最高的一个群体。但是，我们也毋庸讳言，律师同样也是对我们的司法体制甚至政治体制批评较多、抱怨较多的一个群体。对律师的抱怨和批评，我们应当有清醒的认识和基本的警惕。我们当然要重视来自律师的批评，反思并改进自己的工作，这是把人民利益写在旗帜上的共产党人应该有的政治胸怀和起码的政治责任；但同时也不能简单地以“律师在目前的司法体制中处于弱势”之类的含糊其词来敷衍问题，以至于一谈到律师，就是一个保护、支持律师权利的问题。在法治时代，律师对公众具有相当大的影响力，如果认识不到这个群体可能有的负外部性，任由一些不满甚至反抗的言行产生，就会对我们的良性秩序构成影响。这些刻意的反抗虽然打着法治的名义进行，却会消解以秩序为导向的法治社会。

律师收入高于体制内的各类法律人，又不用对案件后果承担实质性责任，这是一种“收入高、责任小”的制度红利。但这种红利的设计并没有达到所欲的后果：代表社会力量的律师并没有表现出足够的向心力。对于这个问题，我们不仅要强调对律师组织的党建教育，强调思想引领，我们更要反思目前的律师制度如何潜在地激励了律师对体制的不满（是真正的不满还是被激励的不满），从而在不大动干戈的前提下做一些技术性调整，消除、减轻或者分化这些不满，增加律师对司法体制和政治体制的整体向心力，增加职业共同体共识，从而促进法治社会形成。

一、改革律师收费制度

律师的收入远较体制内的政法干警为高，过高的收入在给律师们带来更高的社会优越感的同时，也容易让律师滋生出“我挣得多是凭自己本事”的观念而不考虑国家给予律师的制度红利，还容易让政法体制内的同志们心理失衡，降低体制对优秀法律人才的吸引。对此，我们应该考虑适当降低律师的收费标准，从总体上减少体制内外法律人收入的差距。而且要在调整律师收费标准的过程中，改变目前这种以标的额为主要尺度的做法。很多案子，标的额极大，难度却非常小（比如金融借款案件），这样的案子律师抢着办；还有很多案子，标的额不大，难度却很大，律师挣钱少，就往往会推却。这要求我们在制定收费政策时考虑案件的难度，制定某类案件（比如金融借款案件）的收费上限，同时，对于接手真正有助于促进社会稳定与进步的疑难复杂案件的律师，要有相当激励和补贴。也应该考虑律师内部财富分配的均贫富制度，让收入畸高的大律师拿出一部分收入分配给刚入职的年轻律师，让他们入职之初的生活能够得到保障。

另外，笔者认为，在改革律师收费政策的过程中，最重要的是改变目前这种按诉讼阶段分别收费的办法。目前律师收取费用，无论案件处于侦查、起诉、一审、二审、再审哪个阶段，都要按一个完整案件收费。这种收费办法相当程度地激励了律师对案件判决持一种批评态度，他会因此动员当事人不服从体制作出的结果，从而以正义没有实现之名大行获利之实。对此，笔者建议，应当立法规定律师对案件进行一次收费，负责到底。如果当事人主动要求在此后的审理阶段中更换律师，那么在前的律师就要按比例退还律师费用，在后的律师只能按比例收取部分费用。这样，就能够有效地过滤掉那些可能是因为收费激励导致的对裁判结果的不服从[①]，让那些真正的冤假错案进入监督视野，减少不必要的对抗和司法资源浪费，从而促进社会稳定。

二、促进诉状实质化

当事人往往因为不会打官司而寻求律师的帮助，但不少律师制作的诉状几乎看不出多少法律素养。此类诉状往往简单地把当事人的请求罗列了事，甚至连法条依据都不写明，就笼统地把案子推给司法机关。这与律师的责任心有关，更与我们目前诉讼制度的不合理构建有关。我们的法律的确规定了当事人

① 当事人对自己选择的、为自己说话的律师有着很大的信赖，不排除有些律师在分阶段收费制度的激励下，利用这种信赖有意说服当事人继续甚至反复对抗裁判结果。

要为自己的主张承担举证责任，但没有把“当事人对自己诉求所依赖的证据进行合理化论证、找到法律规范基础”规定为当事人自己的义务。这就导致律师制作诉状时采用大而化之、非常笼统的态度，甚至连当事人的具体损失数额都不愿意费力整理，只是对当事人的损失估计个大体的数儿向法院起诉，把这些详细计算的工作全部推给政法机关。这还不仅是一个工作量分配的问题，更重要的是这种制度设计会进一步导致律师不负责、只挑错的评论家心态，值得我们探讨对策。

对此，笔者的建议是推行诉状的实质化。律师为当事人制作的诉状，要有详细的论证，要有清晰的法条。人民法院在审理案件时不直接评价当事人的请求，不直接评价当事人的证据和法律依据，而是以评价当事人的诉状的方式间接评价当事人的诉讼请求。如果诉状粗制滥造，即便当事人的诉讼请求实质上可能成立也不能得到保护，而是判决驳回后另行制作诉状重新请求法院支持。在这种诉状实质化模式下，当事人的权利是否能够得到保护不仅在于其实体请求是否成立，还在于他聘请的律师制作的诉状是否符合法律的逻辑。这种日常工作的规训，能够极大地提高律师的责任感，也能够淘汰掉律师队伍里不认真学习业务的“劣币”，改变不少律师身上比较严重的“凭感觉说话”的毛病，提高他们对法条的学习掌握程度和敬畏程度，而不是继续拿着“法治”“权利”之类的笼统大词敷衍了事。

三、对律师进一步赋权，探索律师令状制度

坊间讨论律师执业问题时大都围绕着律师执业“权利”能不能得到有效保障方面，对此笔者在赞同之外还想说的是，我们同时还要注意律师的“权力”问题。

坦率地说，我们的诉讼制度基本没有赋予律师多少对当事人直接具有处分意义的权力，制度设计的基本逻辑是赋予律师权利，让他们请求司法机关行使权力。这种制度设计有维护政治安全的作用，在社会能够自行消化矛盾，不需要国家对矛盾进行太多干预的“传统”时代，这种制度也能够有效运行。但今天经济社会形势已经发生重大变化，社会自组织能力下降，自我解决纠纷的能力锐减，大量的社会矛盾都推给了国家进行判断和处理，表现之一就是案件受理数的飙升。这时候，把所有的权力都揽在国家身上，让体制行使所有的权力未必是一种有效率的做法。权力意味着责任，没有权力也就没有责任。没有责任的律师往往不考虑权力运行中的实际成本与现实困难，

会完全站在权利角度对体制提各种要求，一旦得不到满足就进行批评，散播不满情绪。对这个问题，我们当然要在舆论阵地上进行宣传、说服，争取理解；但更有效的方式也许就是赋权，让律师们承担基于权力的责任。

笔者认为，如果对刑事案件要持保守、稳健态度的话，那么完全可以在民事案件中尝试对律师的放权探索。比如，当事人为了自己的权利能够得到充分实现，往往会在诉讼前或诉讼中申请对被告方的财产进行保全。这个保全工作占用了法院的大量人力物力，耗费甚巨也未必能让当事人满意，他们对法官的工作勤勉度总会有怀疑，总觉得法官没有尽职调查对方的财产，从而“很冤枉”地引发公众对体制的对抗情绪。但这个保全工作难度不大，也不会对财产进行实体处分，完全可以探索由律师进行。具体操作为：律师向法院申请保全财产的令状，法官审查通过后赋权律师进行保全。与此类似，对律师的调查权也可以充分放开，具体设计为：当事人自己无法举证时申请律师调查，律师在法院授权后享有与法院同样的调查权能。这样能够大大减少当事人对法院工作的不满和怀疑，也能够让律师体验到权力行使过程中的现实制约，从而增加律师对权力运行难度的理解，降低对权力体制内工作人员勤勉度的怀疑和不满。

四、律师分级制度

我国的律师在立法上几乎是完全平权的，实习期结束之后就可以接手所有类型的案件。大部分律师是凭借自己长期积累的口碑、人脉逐渐获得法律服务市场认可而逐渐获得更多、更好的案源，但也有少数人不愿意走这种漫长的积累道路而想一步登天。他们试图通过一些“死磕”式的造型迅速提高知名度，以便能够揽到更多的大案要案。的确有人在这种剑走偏锋的道路上迅速成功，他们也会继续激励更多初入法律服务市场的新人采用这种极端对抗体制的方式博出位。这种“死磕”博位不但无助于法治，甚至会给法治带来相当大的破坏，必须要认真对待。因为他们积累很少，即便一次博位失败后也失去不了什么，而一旦成功就会立刻实现财务自由，巨大的反差会刺激律师界野心家的各种非理性行动。对那些经过长期积累功成名就的资深律师而言就不存在这个问题，他们需要考虑自己言行与自己在先行为的一致性，需要考虑自己的口碑与形象，因而这种偏执和冲动相对来说比较少一些。

我们对此可以采用律师分级制度。比如，规定新入行的律师只能代理本地案件，不能跨区域执业；或规定到上级法院出庭必须有若干年执业经历；欲跨级、跨区域执业只能担任资深律师助手，等等。通过这种方法，让律师更注重自己经验的长期积累，放弃通过一次出格举动成名的冲动，有助于减少与律师有关的“死磕”型举动。通过律师分级，也能够形成律师群体内部的制约，强化该群体内部的自组织能力，在“自由执业者”内部形成“自由秩序”。

另外，律师分级的另外一个可欲效果就是强化律协对律师的管理能力。目前律师平权体制下，律协的管理作用几乎是虚置的，它只能在律师违法违纪时发挥作用，而平时律协对律师没有多少实际意义。如果律师分级制度建立后，由律师协会负责律师的晋级考核，就能从根本上改变律协目前这种孱弱无力的局面，也能进一步规训出律师的共同体荣誉感。

以上是笔者对律师制度（与律师有关的制度，涉及诉讼制度）改革的一些肤浅想法。这些想法都是属于细小的技术领域，推进起来不会有太大的制度变革成本，其效果可欲可期。而且与很多讨论律师制度的观点不同，笔者在讨论律师制度设计时围绕的中心问题就是如何对律师进一步放权——这里的权，就是权力。让律师拥有在司法过程中的部分权力，不但不会削弱国家在社会面前的控制力，反而能够在这一抓大放小的过程中，让国家脱离不必要的纠纷，让社会自组织能力增强。放权，促进稳定。经过司法考试和长期执业规训出的律师，应该说是社会力量中对规范有着更好掌握和更多尊重的群体，把这些权力放给他们，效果会是积极的。

强奸陪酒女危害小一点吗？*

在老谋子璀璨夺目的众多作品中，《金陵十三钗》并不是太引人注目的一部，它既不太叫好，也不太叫座。它用紧张、细致且多少有些残忍的电影语言构建了一个十三名女孩子面临“糟蹋”（其实就是强奸甚至轮奸）的场景，让观众升腾起痛惜却又无助、绝望的情绪。在这些女孩子被十三名“反正就这样了”的妓女置换出日寇的魔爪后，观众的紧张情绪似乎稍稍得到一些缓解——下意识的缓解。老谋子并没有给大家更多机会来品味这种下意识的缓解是否正当，他就迅速地在影片最后

* 2013 年李某某等轮奸陪酒女案被报道后，清华大学易延友教授在 2013 年 7 月 16 日的微博中评论“即使是强奸，强奸陪酒女也比强奸良家妇女危害性要小”，迅速引爆舆论批评。本文发表于 2013 年 9 月 5 日的《时代周报》，收入本书时有修改。本文在写作过程中，得到了中国海洋大学桑本谦教授的悉心指点，在此再次向桑老师表达衷心的感谢。

将大家的怒火调动起来，升华为一种纯粹的民族大义。尽管民族大义于所有血性尚存的华夏儿女来说都是不容挑战的情感底线，但在一族同胞内部由谁来担当这份大义，或者径直了说由谁来为这份大义做出自己的牺牲，其实还是有不同的价值判断标准的。

影片中，老谋子显然迎合了大多数国人的判断标准：他尽最大努力保全了国民心理中最珍贵的东西，他让日本人得到一种“不怎么干净”的性满足。在无能为力的外族侵略面前，他选择让更宝贵的女性留下，让“次一些宝贵”的女性牺牲。这种对大众心理的迎合虽然也遭到不少文化学者的尖锐批判，但谁也不敢设想换十三个小姑娘代替十三位妓女去让日本人糟蹋——那样老谋子不被骂死才怪。在这样一部主旋律影片中，老谋子“狡猾”（不带贬义）又迅速地用日本人的凶残转移了观众关于“妓女”是否处于和小姑娘（再直白一些，就是处女）同样价值位阶的灵魂拷问，和观众达成一种心照不宣的妥协：我们都知道，我们也都这样认为，可我们都不说。

当这种默契被易延友教授在微博上以“即使是强奸，强奸陪酒女也比强奸良家妇女危害性要小”的直白言论径行打破的时候，却立刻引起了舆论的轩然大波。平日里素有轩轾的主流媒体和自媒体此刻共同发出了震天动地的炮火，炮火的口径也罕见地一致：该言论违反了法律面前人人平等的原则，白岩松进而将其问难为“违反常识、突破底线和冒犯公众”。

于是问题也就有些吊诡地呈现在我们面前：同样或者说类似的一种判断，在老谋子用电影含蓄地、暗示地表现给观众的时候，公众基本上是接受甚至维护这种下意识的判断的。这巨大的反差真是应了那句阅尽人间春色的老话：“此一时也，彼一时也。”事情为什么会变成这样?

易教授在做关于李某某案件的公众发言（微博）时，大概只是考虑到陈述一种自己认为是客观、中立的评论，而没有考虑到公众正在为此案会被不公正对待而焦虑和担心：将军的儿子，并且是有过前科的坏小子，会不会由于家庭的权势而逃脱法律的制裁？焦虑下面隐藏的愤怒在一个看起来好像是对李家有利的陈述（强奸陪酒女社会危害性较小的逻辑结果一定是量刑较轻）出现时，就立刻喷发出炽热的火焰。易教授因此被视作帮李家说话的人，他的言论触动了集体无意识中因权贵阶层特权引发的“不平等感”“受欺负感”，因而招来了大量以“法律面前人人平等”为旗帜的猛烈攻击。易教授心里肯定是感到不是那么一回事，但在已经被冒犯了的公众面前，他能做的也只能是慨叹微博不是一个理性讨论的场合，而不愿或者说不敢进一步解释他的话语，只能打碎钢牙和血吞了。

尽管我们都知道“平等”观念在启蒙之后已经是不容怀疑的当然正确和大众无法挑战的情感底线，但我们仍然坚持认为，如果我们不想只是在概念天国里构筑逻辑严密的“平等”大厦，也不想只是在三界之外那“众生平等、无有高下”的庄严净土中品味“平等”的真谛，而是想将它在社会生活中予以实施，在制度运作中予以体现，就必须“勇敢”地承认现实中的平等都不是绝对的，都是有差异的，而且这种差异还是一个社会实现其他和“平等”一样伟大的价值目标所必需的有效激励。人们对这种差异也是接受的。只是当这种差异表现在立法上时，人们表现出较高程度的接受；而当这种差异要在执法、司法的过程中予以贯彻时，人们则表现出高度的警惕。具体到李某某这个话题，人们的反诘就是：纵然大家在潜意识里都或多或少有这种高低大小的排序，但既然法律没有规定对强奸罪量刑时考虑被害人的身份，你就不能因此而区别对待，法律面前要人人平等。

随着立法技术的不断进步，刑事立法中的叙明罪状已经大为增多，量刑规则也逐渐成形，这在让司法者节省思维负担之余也慢慢压缩了法官自由裁量的余地。但是，无论立法技术如何发展，它永远也不可能将生活中的事情无论巨细地一一规定，否则卷帙浩繁工程浩大不说，它也不可能跟上生活一日千里的脚步。规范和事实之间永远是有缝隙的，这个缝隙就要靠司法者专业化了的职业良知来填补。刑事法官的职业良知中，区分犯罪行为社会危害性大小进而使“罪刑相适应”就是不可或缺的一部分。这种区分并非法官对法治的僭越，而是来自成文法的明确授权。①

“陪酒女郎”的内涵是宽泛的，对那些不是“用提供性服务换取报酬的”纯粹陪酒的女性，笔者同样认为区分她们和普通女性只在犯罪学上具有意义，而在刑罚方面则要受到和普通女性同样的保护。但如果是与“十三钗”一样的职业妓女受到强奸，其社会危害性和之后的量刑是否就应该相对较轻？答案是肯定的。

刑罚的意义不仅仅是在当事人之间实现正义，它更根本的作用在于实现一种有效的社会秩序。回应大众心理感受、平复

---

① 《刑法》第 61 条：“对于犯罪分子决定刑罚的时候，应当根据犯罪的事实、犯罪的性质、情节和对于社会的危害程度，依照本法的有关规定判处。”

社会成员心中的愤怒、让大众心灵深处潜藏的“善恶报应”观念予以实现都成了法官定罪量刑应该考虑的因素。妓女被强奸之后受到的伤害，无论是于其本人还是于其他公众，在时下国人的潜意识里还是要低于从来没有过性经历、根本不知道性为何物的小姑娘的。这在量刑中肯定要有所体现。设想一下：某甲专门以职业妓女为性侵对象，因为他觉得这些人“是干这个的”而不会告发；某乙专门以中学生为性侵对象，因为他觉得这些孩子“怕以后嫁不出去”而不会告发。谁的危害性更大？后者难道不应该被科处更重一些的刑罚？同行们在交流起这个话题时，大都认可这么一种两头重的量刑尺度：侵犯少女（幼女有法律的明文保护）和老年妇女的量刑要重。这种考量背后，都有着法官朴素但深刻的社会洞识：在中华文化圈里，少女的贞洁和母亲的荣誉都是值得拼却老命的东西。法官如果不想与社会作对，那么对侵犯她们的罪犯就应该予以严惩。反对论者或许会批评这是一种落后的贞洁情结，但反对归反对，代替不了这就是眼下国人的情感事实：女孩子被糟蹋之后就“可惜”了，而妓女被强奸之后似乎就不会引起同样多的惋惜。需要指出的是，因侵犯对象导致的量刑差距在不同法院甚至不同法官之间体现的并不明显，任何一个法官都不会因为被强奸者是职业妓女而为被告人脱罪，它在一个法官心目中大概也就是几个月的刑差——这种刑差是法律尺度内的，也是不违反法治原则的。

上文的陈述都是没有任何智识上贡献的人所共知，它已经成为一种社会心理上不言而喻的常识。但这种常识何以在经易延友教授说出的时候遭受如此巨大的反对乃至被扣上“不顾常识”的帽子？对易延友教授持猛烈批判态度的人真的超越了这种常识吗？答案依旧是否定的。

阶层固化、强者恒强的社会现实让长期生活在社会底层的公众在被迫放弃向上流动的希望之后，积累了足够多的对锦衣玉食、飞扬跋扈特权者的“不平等”仇视。这种仇视同样是下意识的，而下意识的力量才真正强大。当权贵内部有人违法犯罪的时候，民众心里便酝酿着、燃烧着一种类似复仇的快感。当这种快感看起来要被易延友教授打断时，激情的怒火就转移了。激情之下，大家都倾力于批判的快感，已然突破了理性的藩篱，甚至走到了自己平时所信奉常识的对立面。

笔者绝对不是要在这里对普罗大众作一场理性批判，更多的是想做一个善意的有些苦口的提醒：指望大众理性地对待一切问题是不可能的。我们必须承认，社会公众的言论明显具有群体行动的基本特征，它们大多是非理性的产物。如果我们真的致力于一个生机勃勃的社会秩序，就要致力于让人们在“心里”喜爱，让生活于其中的个体有着长期的“人人平等”的体验。易教授的尴尬和无奈再次告诉了我们这一点。

《我不是潘金莲》在说什么？*

李雪莲（范冰冰饰）的出场很唯美。当烟雨蒙蒙的江南小镇、薄如蝉翼的雨披、婀娜风韵的身姿、挑逗狐媚的眼神，一起呈现在圆屏幕里的时候，看过原著的人多少有些惊愕是不是走错了场。等看到范冰冰楚楚可怜地忽闪着大眼睛举着“冤”字纸牌，看到喂牛的农妇居然被紧身牛仔包裹出完美的线条与性感，再看到她半推半就地被赵大头（郭涛饰）亲热后娇弱的后背，心里的疑惑就越来越大。这疑惑直到最后见了范冰冰在北京安心开店后苍老驯良的面孔，才一下子释然了。忍不住在心里夸冯小刚一句：这老家伙，真够贼的。

---

* 这是笔者为电影《我不是潘金莲》写的影评。该片由冯小刚执导，范冰冰领衔主演，郭涛、大鹏、张嘉译、于和伟、张译、赵立新等联合主演，于2016年9月8日在多伦多电影节上映。

范冰冰演一个养牛又卖牛骨汤的小镇妇女，假的离谱。不光是她的造型跟我们接触过的劳苦女性相去甚远，那些在上访过程中磨砺过的女性也没一个会像她这么软绵绵地说话。但这当然不是范爷的演技不行，也不是冯老炮儿疏忽大意或者故意用色相吸引观众，因为到最后，在饭店擦桌子的范冰冰已经从外到内都是个普通百姓了。他就是用最后这几幕“不假”的现实主义写真告诉观众，冯爷不是不行，而只是不想，他开始就是故意整这么“假”的。

跟刘震云的原著一样，电影《我不是潘金莲》同样不是在讲一个好故事，它一样结构散乱、情节荒诞，而且在搞法律的人看来，它硬伤累累到不能细琢磨的地步。但这其实没有啥好奇怪的，因为冯、刘二位本来就没打算给人们讲个好故事，人家只是拿着一个不成格局的故事在说“事”。而且从始至终，冯小刚一直在清楚地告诉大家：别入戏，往别处想。

那冯老炮希望通过这部电影向我们传递什么隐晦的信息呢？

演戏。

没错，他就是用这种对范冰冰这种有经验的演员看起来有点幼稚的错误，用能驾驭百年孤独般的《一句顶一万句》里众多人物的刘震云所“臆造”的不合常理情节，来告诉大家：来，看人“演”戏。

李雪莲是个不讲道理的人。她耍小聪明想钻空子，结果被自己信赖的丈夫给耍弄了，咽不下这口气，就开始从地方到中央一级级地折腾。她有多大的委屈？其实并没有。她只是觉得在跟秦玉河（李宗翰饰）的二人关系中没有占上风，想把离婚证撤销之后结了再离，好让自己心里舒服而已。而就为这点舒服，为出这口气，她甚至要杀一串人并且认真做了准备。更荒谬的是她明明是一个可以为了杀人就答应跟一个屠户“干那事”[①]的、时不时想着拿自己身体与人做点交易的女人，却偏偏做出一副对自己的贞洁声誉极端在乎的样子来，要让全世界都知道自己“不是潘金莲”。她的偏执、冷漠与自私，已经到了把吃奶的女儿丢下跑去告状（原著情节），到了觉得天底下只有她的牛最可信赖的程度。这种病态，抛开冰冰美貌对大脑的迁移，那一级级的领导难道就看不出来？领导们当然看得出来，领导们只是不愿意说。但除了基层法院明确否定过李雪莲的诉求之外（这个诉在法律上成不成立另说），其余的各级首长都

① 在刘震云的原著里，她更是仅仅因为赵大头的留宿就主动说“该干啥干啥”。

没有对李雪莲说过她的不对，他们只是劝她别告状。

刘震云拿这个奇葩故事说事明显是有意为之。他不懂法律，不懂行政诉讼还是民事诉讼，但他懂语言。他活灵活现地让那些在下级面前熟练精巧地使用着“群众”辞藻，心里觉得“无非就是个农妇，能有多么难对付，肯定是下级无能”各级领导，一一来到李雪莲面前，三言两语之后就尴尬地败下阵来，最后只能在心里暗暗地嘟囔几句“刁民”。在诚惶诚恐检讨自己“工作没有做好”的下级面前，领导们可以气宇轩昂地高谈阔论“如何把老百姓的冷暖放到心上”，可以声色俱厉地批判“怎么就解不开一名普通群众的思想疙瘩”，但刘震云、冯小刚让他们在李雪莲这个跟真正受了委屈的秋菊完全不一样的“刁民”面前露了马脚——他们说的大话，他们也做不到，他们只是在“演戏”。而且，刘震云正是用李雪莲的蛮不讲理，映衬出他们那一场场关心民间疾苦的表演的滑稽可笑来。

荒谬的故事、失真的化妆都只是为了提醒观众注意看官场上那一场场精妙绝伦的表演，上级对下级表演着自己对黎民百姓的无比热爱，下级对上级则表演着自己认识到热爱程度差距后的真诚羞愧。位高者与位卑者的操纵与算计，都在这几场纯现实主义的对话中展示得淋漓尽致。这才是影片与小说的核心，可惜被不少朋友忽视掉了。当然，这也许是刘震云的刻意隐藏。

当一个其实属于“尾巴分子”的群众来到跟前时，人大会议上的首长跟她本人并没有直接对话，并没有“吃透案情”，但这丝毫不妨碍他迅速把这件事情跟“贪污腐化、不正之风”这两大毒瘤联系起来并大发了一阵雷霆之怒。发怒的时候依然不忘展示自己的亲民情怀，浓墨重彩地表扬了自己的秘书如何救下被当作恐怖分子控制起来的李雪莲，进而分析小秘书之所以这样做是因为秘书有高尚的情操，从而让听众把这归功于他日常的教育。帽子扣得严实，棍子打得更是结实，演戏更是演得过瘾。吓出一身冷汗的下属将这帽子棍子带来的羞辱变本加厉地施加于他的下属，一夜之间撤了一串人的职。原著中的首长知道这一串撤职之后心里是不舒服的，他觉得他不过就是训一顿、就是说说而已，他在说完省长心机太重之后报复似地中断了他的政治生命。首长想的是在口水中体验一把和群众有关的高尚感、奉献感，想在权力高地上满足一下心灵深处的道德欲望而已，哪里是真想让你把人撤掉一串呢？

荒诞的范冰冰只是个幌子，老冯的蔫坏是让我们看这一串老爷们儿的极端现实主义的真实“表演”。那些场景，写实得不能再写实了，稍微在体制中积累了点经验的人对这种用“道德话语盘剥”下级的管理策略都会有痛入骨髓的体会。他们不是不讲道理，而是不讲具体的道理、只讲大道理。拿大话、大词来欺负人，能欺负的人其实也只能是体制内的下级，李雪莲就从来不买他们的账。他们不对面临的麻烦作规范的、技术的分析，只会将问题无限上纲到“你心里有没有人民群众”的层面，用这种政治恫吓来逼迫你把麻烦端走，不要让他们看到。至于逼得下级采用了极端手段，堵了人，甚至抓了人，他们照旧不会为此承担什么，而只是更加严厉地打下来同样的话语。

明明是没有担当，不敢对一个荒诞的问题作出起码的判断；明明是自己推卸责任耍滑头，却非得把这种滑头做的大义凛然。交替使用各种漂亮的口号，让下级即便肚子里绞痛也只能在脸上做出诚惶诚恐样子。而且这种诚惶诚恐，一定不是跪拜在上级的权力下面，而一定要拿奉献精神、道德观念的差距来说事。这种戏，上下都演得很投入，而就在这上下同心（心知肚明）的表演中，群众路线，已经成为一些人的口号，成为揉捏的辞藻，成为自己作秀、涂抹的工具了。

这才是刘震云、冯小刚肚子里想说而没说的话。而且，这本书与这部剧哪里是什么为各级领导歌功颂德、为信访制度洗地啊？它们分明是对体制做了一种与贪污贿赂等腐败问题无关的另类高级黑。刘震云毕竟是敏感的，他敏锐地感知到我们这套体制已经伴随着语言的刻板教条逐渐地丧失力量，丧失力量的后果又只能是进一步在口号上拔高，恶性循环，难以打破。于是刘震云就想出这么一出“漏洞百出”的荒诞剧来揭露和讽刺。偏执狭隘的李雪莲和她所经历的不合理情节，都只是他的引子。

一向忠实于原著的冯小刚并没有跳出刘震云的批判现实主义，他和刘震云一样也没有在批判的基础上寻求一种技术层面的解决。在电影的最后，当李雪莲的告状因为秦玉河意外死亡而突然化为乌有之后，他用画外音借马市长（张嘉译饰）之口给出了他对解决路径的思考。然而，他同样是干瘪空洞地重弹道德教化的老调，他基本照搬了他所高级黑着的官腔。批判的武器，在刘、冯这里并没有变成武器的批判。

无论我们多么不喜欢李雪莲这样偏执的“尾巴分子”，无论我们多么讨厌她浪费了巨大的社会资源，无论我们怎样站在法治话语方面批判她不化的冥顽，我们都必须承认，她和数量不少的“他们”都是我们这个国家治理所无法逃避的一环。对他们，用心理学上、法学上的术语来负面评价是可以的，但这不等于治理工作的全部。我们要在制度层面对科层体制给出一个关于问题解决程度的评判标准，防止为极少数狭隘的个人诉求消耗无尽的资源，把更多精力与时间用到让大多数公民获益上去。李雪莲属于群众，是群众中的一分子，但她并不是“群众”，而我们要服务的“群众”显然是个集合名词，我们要考虑群众中的大多数。在这样一个有性格缺陷又没有什么真实冤屈的“群众中的极个别分子”面前，空洞地泛滥自己对群众的感情，强硬地要求下级对群众的奉献，而不给出奉献的尺度，则只能是一种没有担当精神的自私，是更深度的自恋。

还有，我们在小说与电影中都没有看到党组织，连个基层党支部都没有看到。这也许是刘震云出于某种安全策略的考虑，但更可能是他的确没有发现党在我们这个民族国家形成和建设过程中的关键作用。与构成法统（法的统治）的政府、法院等自上而下的管理体制不同，党是个自下而上的基层动员系统，正是这个党，成功动员了亿万基层民众参加了中国革命，完成了中国最重大的历史转型。这两个系统需要的行动智慧、技术模式乃至专业人才都是不同的。李雪莲是比较难以对付？是，也不是。说她是，是因为我们在法治化转型过程中过多地强调了科层体制的力量，过多地强调了法统的力量，而忽视了我们曾经倚重的党的基层动员力量，缺少对这种动员人才的关注与培养，以至于让比较顽固的被动员对象觉得只有“牛”才能听懂她的话。

这，也许是刘震云没有想到的，但它可能更值得我们思考。在法治作为我们治国基本策略的前提下，让党的基层组织继续发挥好它传统的动员教育作用，在党内给予这种基层动员智慧，给予这种基层动员人才更好的上升空间，或许依旧是我们应该致力的工作。

心灵·成长

“仁，人心也；义，人路也。舍其路而弗由，放其心而不知求，哀哉！人有鸡犬放，则知求之；有放心而不知求。学问之道无他，求其放心而已矣。”孟子是个迂阔、可爱又很自恋的老头，但他这些自恋的话却很能给人以力量。对美好心灵乃至心性光明不停、不懈地向内持求，就会有和自己会心会意的微笑和收获；而且时间久了，这个持求就会在脑力上形成巨大的沉没成本，让你有不能割舍的情感依赖，让你不忍背离，无法抛弃。

清廉的三重境界

清廉有真有假，曾经有朋友说最可恨的事情就是听贪官作廉政报告。自己上下其手、雁过拔毛以至于腰缠万贯、肥得流油，还装出一副清廉的样子来；装还不算，还教育别人清廉。这种清廉，当然是加了引号的，诈伪之情，可以瞒得一时，但早晚会大白于天下为众生笑。这种伪廉，是不在本文讨论之数的。

本文要跟朋友们交流的是真不贪污、真不受贿、真不贪不占、真干净的“真清廉”。这几个“真不”，是为官为吏者的外在行为表现。这种表现，从外边看起来没有什么差别。他们都一样食国家俸禄，奉公守法，不借手中的寻租之权巧取豪夺。但如果细究起当事者的心源隐微，到各自灵魂里观察、拷问一番，仍然能发现这表面看起来没有差别的清廉依旧有着不同的精神境界。

第一层境界的清廉，我们可以称为恐惧型清廉。恐惧型清廉比较好理解，就是其清廉的操守行为源于对制度惩罚的恐惧而不敢越雷池一步。“非不愿为，实不敢为。”手中或大或小握有些权力，明晃晃的票子摆在面前，心里痒得要命，为啥不要呢？怕被抓。国家制定惩治腐败的规章制度，已经相当严格，如果一时贪念迷了心窍，就会落个银铛入狱甚至一命呜呼的下场。老婆孩子遭罪，亲戚朋友丢人。这样的恐惧心理，能够在相当程度上遏制贪念，保证为官为吏者的清廉。

然而我们说这种程度的清廉，还是肤浅的，还是有些靠不住的。为啥呢？因为随着做官时间的延长，日益老奸巨猾，慢慢地就发现了其中的门道：原来那些法令也没有看起来那么可怕！很多人作奸犯科，不也过得好好的？所谓的“法网恢恢，疏而不漏”原来只是吓唬人的“狼来了”呀！再用功琢磨琢磨，原来那些出了事的家伙，都是“不长眼，不懂规矩”的二愣子啊！……心眼子一多，发现法律的实现和法律的文本本身不完全是一回事，对法律的敬畏和恐惧也就大幅度下降，觉得可以凭借着自己聪慧的大脑刀头舔蜜、火中取栗，从而也就放心大胆地贪了起来。

所以我们还得探讨更高境界的清廉。清廉的第二层，我们可以称之为：功利型清廉。

功利型清廉，其实也就是我们老百姓常说的“善恶报应”。为官者操守的心理动力来自于他相信清廉能给自己带来福报，他相信“积善之家必有余庆”。又或者是相信有一个或众多伟大的人格神在“人头三尺”盯着他，让他觉得“暗室亏心，尚且神目如电”，何况于工作中收受贿赂？就是没有这么具体的“神格”具象，他也会赋予天地日月以某种神秘力量，相信自有“冥冥天道”来赏善惩恶，从而要求自己清廉自守，以至于“不愧怍于天地”。

这种清廉看起来已经很高尚了，然而它还是有些不足恃。为啥这么说呢？因为这和很多善恶报应论者信念破灭是一个道理。他迟早会发现并没有一个“神祇”或者一种“天道”来将清廉表彰，让这种善业实现。他或许寄希望于他的清廉能感动上苍赐给他更高的职位，然而买官卖官者会用血淋淋的大棒把他打醒。纵然他已经与生活讲和，不再谋求更高的位子，他也会希望他能有个好的名声，然而他早晚会发现，在贪风侵袭的群体中，所谓的清廉其实是说不得道不得的：你清廉，是不是说别人不清廉？你若敢说自己清廉，“作秀”“诈伪”甚至“包藏祸心”之类的帽子肯定会如影而至。而且，百姓说起一个跟自己不相关的清官也许会交口称赞，可一旦进入自己的核心关系圈子，比如自己的亲戚、同学，他可不管你清廉不清廉，他评价人的尺度只是帮不帮他办事。如果他的事情你没有打擦边球帮助融通，他的毒舌立刻就会来到面前。廉者常会觉得孤独，可伴随孤独的不仅仅有自赏，也有痛苦。鹤立鸡群的画面说起来好看，但大家同时都知道什么叫作“羊圈里跑出个骆驼”，当被人用鄙夷排斥的眼光把腹诽表达到脸上时，心里的自信也许就会坍塌，也许就会怀疑人生，质问“老天，你在哪里？”

我们传统的报应教化体系遇到这种问难时所做的回答是进一步拉长报应的时间轴，告诉人们不要把眼光拘束于一时一事，要么说善行好报在你的子孙，要么进一步说报在来世。在科学昌明的今天，报在来世的说法显然已经没有多大市场了，报在子孙反倒是有了一些教育学上的解释。然而，如果他发现他自己的儿孙冥顽不化，而那些到处吃拿卡要之辈的子女居然冰雪聪明，或者由于清廉导致囊中羞涩、人脉狭窄而没法为孩子提供更好的教育、工作机会时，心里的悲怆与绝望恐怕也只能打碎钢牙和血吞。

这时候，他见到别人的房子买了一套又一套，车换了一辆又一辆，成万的手表戴着，苹果手机一部部追着最新款，他自己时不时被人嘲笑寒酸……慢慢地，他所依赖的报应论就不能继续给他提供操守的支撑，他的内心自信会坍塌、会崩溃。他或者绝望地四处发牢骚，抱怨老天不长眼、抱怨圣人欺我，或者就干脆和光同尘，扔掉报应论给他的巨大包袱，轻装上阵地去享受权力的“馈赠”了。

所以说这种看起来坚固的清廉还是不足恃，我们还需要更高层面的清廉。这层清廉，我把它称为自主型清廉，如果换一个更直白的词汇，也可以说是自恋型清廉。

这种自主型的清廉，不是因为恐惧法令制度的惩罚，也不是为了获得老天对善行忠义的奖赏，更不是为了领导的表扬、同事的口碑——这些身外浮云都丝毫不影响他对清廉的操持恪守。他不贪不占，只是为了心安。即便他有时候会找一些“天爵”之类的古训为自己打气，可他依旧清楚那不过是另一种形式的自我暗示而已。他清廉，他干净，他自己心里满足，他满足于拒贿时的豪情果决，他欣喜于祛除贪念的心生光明。他的清廉，只是为了清廉本身。

这真的是一种自恋。但这种自恋却能产生强大的力量。无论是友情的还是亲情的糖衣包裹的炮弹，他都能一眼看穿；无论上级的压制还是下级的阿谀，他一样面孔冰冷。他不想算计什么得失，无论这种得失是物质利益上的，还是亲情友谊上的。他图的是自己对自己满意，他希望以一种自己看得起的姿态出现在自己面前。他的清廉，仅仅是为了自己喜欢，而这种自我喜欢就是一种自恋。

但是，如果允许我用一个比自恋更伟大一些的词汇来表达它，那我用的词会是“浩然”。是啊，胸中浩然、通天彻地、气贯长虹，这是怎样的豪迈和光明！当是之时，所有的制度束缚、所有的利益算计都苍白以及无力。诚如古贤所云，寸心生出大光明，夫复何言！

读过不少谈清廉的文章，大都是从人民、国家、社会、法治甚至市场经济等大的角度切入，较少有从为官者本人体验的角度说话。笔者无力讨论那么多制度性宏大，将个人“对境治心”的体验絮叨于此，算是把自己的心路历程、修行次第剖示于人，共勉与同道。

我的民事处女审*

说来惭愧，到法院工作 20 年，取得法官资格也 10 多年了，今天才第一次审理民事案件。这一次庭审，让我对民事审判有了一种全新的体验，对自己的弱点和不足也有了更深的认识。

走向领导岗位以前，我先后在行政庭和刑庭工作，审理过不少行政、刑事案件，还制作过在省内推广的优秀文书，应该说对庭审工作并不陌生；走向领导岗位以后，我坚持业务学习，选择审判方法作为自己的研究方向，把民事审判作为自己的重点研究领域，并且经常和同志们一起分析疑难案件的审判

---

* 本文是笔者在 2014 年上半年进行的群众路线教育实践活动中的一次反思内省。倘若没有这次反省奠定的思想基础，在两年后的法官员额制改革过程中，笔者对入额领导也要承办案件也许就不会有今天这种正确认识与积极态度。

思路，拟订庭审提纲，共同讨论判决方案，也应该说对作为民事案件几要素的证据分析、事实认定、规范基础、法律程序等都有一定掌握；此外，由于平时经常接待当事人的来访，自己也总结归纳出一套行之有效的与当事人谈话、谈心的方法，不但从没因为自己的态度和处理方式激化过矛盾，而且消除了不少对法官、法院工作的误解，化解了不少旁人看起来的硬骨头。所以应该说自己不是那种没有群众工作经验、高高在上的“官僚主义”者，不至于面对“难对付的当事人”这类特殊的群众时就张皇失措；同时，对今天审理的这个案件，我也做了认真的准备，与合议庭成员交换了意见，还专门就其中的一个法律问题跟院内其他同事探讨过，在网上请教过法学名家，哪怕算不上胸有成竹怎么也得算是有的放矢了吧？觉得自己完全能应付过来。

但即便有这样充分的准备，这次亲自主持庭审，仍然让我有了近乎崭新的面对，唤起了我蛰伏的记忆和技艺，最终有了新的反思和收获。

案子的起诉案由是共有纠纷，但实质还是遗产继承。三名原告和被告以及两名第三人是亲兄弟，在父母去世后就父母的遗产继承打过多次官司，对立情绪很强，之前就差点在某次庭审中打了起来。并且双方年龄都已经很大了，被告是弟兄几个里面年龄最小的，但也快60岁了。基于我平时接待当事人尤其是年老当事人的习惯，我仍旧先向双方当事人分别投以友善的一笑，试图先取得当事人对我的情感接受基础。

然而大概就是我的微笑与友善，让法庭的威严感打了折。原告之一居然在我核对当事人身份时毫无必要地对我进行反驳，而且语气相当不屑，我能够分辨出他吞回去的几个音是我们聊城土话里面不大干净的口头禅。这下子我立刻清醒地意识到我绝对不能把庭下接访的经验和态度带到庭审中来，这绝对不是我展示温暖、传递关怀、增强理解的场合，这是开庭！十多年前审理刑事案件时威风八面的“赵阎王”立刻归位，我必须传递给他们一个明确的信息：虽然你们是老年人，虽然我平时会对你们相当尊重和忍让，但今天，你们要知道什么是法律的威严。于是我目光冷峻地盯着他，一字一顿地继续询问，他僵持片刻就不再敢与我对视，眼神里流露出来的已经是几分惊怯，语气也变得低调平和。这一番眼神较量后，他在整个庭审中再没有什么出格举动。

意识到法庭不是个以情感人的地方后，我才发现今天这个案子其实暗流涌动：双方矛盾相当激化，随时能打骂起来，并且年龄都这么大，健康状况也一般，要说出什么突发情况都是有可能的。于是我稍微有些紧张，这些可都是我平时单方接触当事人时根本碰不到的啊！因为平时接待当事人时，虽然他们也很激动，但我总是能够用微笑、言语甚至温和热情的肢体动作伴随着诚意和忍让来应对，他们要是说些过头话包括脏话，只要不多，我就装听不到。但庭审中可不是这么回事，我能忍受当事人不干净的话语，对方当事人可就不能忍让了，他们肯定会还击、回骂，那样庭审就会乱成一锅粥。

紧张产生急智。在听完原告宣读的起诉状和被告宣读的答辩状之后，我先指出双方在陈述中都分别使用了带有人身攻击性质的词汇，对此法庭予以批评和训诫，然后告诉他们庭审不是宣泄情绪的地方，双方的发言都要围绕争议的事实，不要对对方进行人身评判甚至攻击，否则法庭将动用纪律予以制止。开庭前书记员已经照章宣读过了纪律，我又针对性地就人身攻击问题作了训诫和提示，并且在讲话过程中，我分别冷漠、严肃地盯视当事人两秒钟左右，用眼光传递了更多的信息，用法庭的威严弹压住了他们平时积攒的怒气，使他们能够相对平和地进行本次庭审。后来他们虽然在法庭辩论时有些过头话语，但在我敲响法槌后都能够迅速地安定下来。

即便如此，平时接访养成的习惯仍然差点让我说错话。一方当事人过多地陈述了与案件无关的生活事实，于是我引导他将与争议焦点有关的问题表达清楚。这时我习惯性地想加一句："老大爷，您慢慢说。"幸亏还没有把"老"字说清楚我就意识到这个问题，转而变成了口中冰冷的"原告某某"。如果当时真的出现这句话，不但会影响法庭的严肃，也肯定会被对方当事人怀疑我与此方有不正当关系，从而降低日后判决的可接受性甚至引发上访。要知道，我自己就没少接待因为对法官行为的过度解读产生出"偏向对方"的怀疑进而来访的当事人。

当然，对双方当事人的体谅并没有因为语气的冰冷而放弃。由于当事人都属于老年人，我在庭审过程中，先后两次询问双方当事人是否需要休息，在得到确实不需要的答复后才继续进行庭审。这大概算是法律的人文关怀一种体现吧。

庭审之后，书记员告诉我两个老头在核对笔录时嘟囔了几句，说今天这个审判长审得还真不错，我心里居然一下子非常灿烂。这些年大大小小获得不少荣誉，得到不少感谢，似乎都没有这句话更踏实、更中听，因为它毕竟是对我作为法官的基本能力的认可。

开庭审案应该算是党员法官改造客观世界的一部分，是用我们的知识和技能在生活中处理纠纷、实现法治。在这次改造客观的过程中拾起并锤炼了已经生疏的技能，是一种收获，但如果放到自己的主观世界里看这次庭审，我的收获更多，也更大。

四风中的官僚主义，我一直认为跟自己无关。我一向认为只有那些内心虚弱的家伙才需要用所谓的官架子来维持自己，真正强大的灵魂永远是谦卑、温和的。而且一个正科级虚职[①]如果也摆谱，那会恶心得我自己都无法接受。所以坦率地说，我并没有官僚主义中摆架子、充大腕的恶习。然而，今天的庭审让我看到了另外一种官僚主义：那就是我已经养成了一种乡愿式的官僚主义！见到群众就笑脸相迎，端茶让座，倾听苦水，这是我颇为骄傲的工作方式，我已经潜意识里把它作为唯一正确的工作方式，从而让自己在庭审过程中差点栽跟头。我有时候还觉得一线办案的同志们态度不大好，常常觉得他们不如我有群众观念，而实际上他们只是在用自己的严肃来传递法律的权威。而且对手里都有大量案件的法官来说，长时间倾听当事人倾吐心里淤积的苦水是非常影响效率的事情，所以他们常常

---

① 基层法院副院长属于副科级实职，可以享受正科级审判员待遇。

不得不打断当事人与判断无关的生活事实陈述。这是我们这些处于二线的所谓指挥员无法直接体会到的呀！我还常常认为自己和同志们情谊深厚，完全没有隔阂，知道庭审乃至办案中的所有酸甜苦辣，但梨子的滋味不亲口尝尝，永远不是真滋味。想到这些，汗就出来了，自己身上的官僚主义还真是不少。

习近平总书记反复强调党员干部要有担当，我也一直觉得自己是个有担当、敢负责的干部。同志们遇到的麻烦，我从来没有推诿过，我要么第一时间赶到现场和群众谈话，要么把群众喊到我办公室里茶叙，让同志们继续审理其他案子。甚至法官出现不影响当事人任何权利的小瑕疵，如庭审笔录中核对当事人的法律依据打印错误，当事人抓住不放小题大做时，我从来不让法官与他们正面接触，我自己反复地、不停地道歉直到感化他们为止，也绝不让审理法官道半句歉。法官挨了打骂，我也亲自带领法警前去抓捕；有外边的压力，我绝对会冲在前面顶上去。所以我觉得自己够爷们儿，是条敢担当的好汉。然而我其实一直在这种自我满足中完成自我欺骗：我一直在逃避审理案件！我其实是怕麻烦，怕被程序、审限压得喘不过气来，怕被中院发改丢人，怕被人讥讽为作秀出风头，怕被人怀疑想从案件中谋取好处……怕字当头，哪里有什么担当的勇气！我满足于指挥甚至教导法官们办案，但自己也是法官，连个案子都不敢办，真的敢说自己尽职尽责吗？——想到这些，满脸羞愧。

幸好，上级法院要求院领导亲自办案，我没有了任何逃避的借口；幸好，自己毕竟还是有些担当感的，没有挑拣一些缺少技术含量的、标的额很大听起来很“重大”的案子来应付公事，而是让同志们各挑一个自认为最难办的硬骨头给我。所以我才有了这么一次重温庭审驾驭能力、提高司法技能的机会，我才能在这么一场很普通的民事庭审过程后反思自己的主观世界，进一步观照自己的灵魂。

要不要进入体制*

不知道今天大四毕业班的同学来的多不多？下面这一段聊天可能会对你涉世之初的第一步有些帮助。在学校里经常碰到同学们的提问，提问多种多样，但大家问的问题也挺有规律的，除了那些具体的法律问题之外，低年级的同学往往会问看什么书，怎样学好法律之类的“昨夜西风凋碧树，独上高楼，望尽天涯路”之类的高大上问题，到了大三大四问“考研还是就业？”“考研还是考公务员？”如果下定决心就业，或者是考研不太顺利而不得不就业，那是进入体制还是做个律师？问题越来越生活化，越来越接地气。这就是成熟的必要代价，因为你必须认真地对待你的生命，你首先要养活自己。以前之所以

---

* 本文以及《网络时代的学习》两篇文章均节选自笔者于 2015 年 6 月应聊城大学法学院学生会之邀给同学们所作报告。

可以只考虑在知识的殿堂遨游，只需要努力攀登科学的高峰，是因为有人（父母）在替我们支付这个成本。

在如此多元化的当今社会，同学们的职业选择也是非常多样化的，我没有能力，也没有这种知识储备给大家更多的建议。如果有人一定要利用自己的年龄优势来为大家指点，那大家最好还是抱有必要的警惕或者至少是起码的怀疑，他可能只是在为了赢得谈话效果而在瞎忽悠。虽然同学们如今都是法科生，但毕竟还是有不同的偏好、不同的禀赋，所以以后未必就一定要在法律行业谋饭吃。比如有的同学计算机技术很好，他很可能就转型做 IT。有的同学内心世界非常丰富又对文字敏感，并且能够做到对语言的有效驾驭，那么他也有可能在文学创作上走出一条路。我今天能够给同学们交流的只是法科生要面临的一个常见问题：进入体制做公检法，还是做一个律师？

有一个很有意思的现象不知道大家注意到没有。低年级的同学在做自己的人生规划时——确切地说，这个时候更像是一种想象，他的理想可能是西装革履的大律师，在法庭上纵横捭阖，舌战群儒，伸张正义。而到了毕业时分，到了做决定的最后关头，却更多地想奋力通过公务员考试进入系统，很少把律师作为一种主动的选择。这种想法是自然的，也是符合我们人类的基本理性的：想象的时候可以把最灿烂的价值追求放到前面，面对现实的时候，我们会首先考虑到“稳定、有保障”这样和安全有关的价值。

的确是这样。进入体制，做一名公务员或事业编制的文员，基本上就是端上了“铁饭碗”，如果你不犯颠覆性错误的话。现在同学们可能经常见到法官等公务员抱怨工资低无法养家的吐槽文，但是坦率地说，我总怀疑这里面可能有一种矫情。我跟你们师母两个人都是公务员，刚结婚时候的尴尬窘迫至今也记得很清楚，但如今不也过得挺好？我们国家对公务员的薪金保障应该说还是到位的。而且我见过的、我认识的所有 40 来岁的同行同事都买了房，买了车，个别没车的也绝对不是买不起车。我在生活中还真没有碰到过公务员吃不上饭的情形。我也见过不少公务员贫寒的报道，但那背后都有另外一种不幸，家里人得了不在医保内的大病，病魔的凶残足以毁掉任何一个小康家庭，但这毕竟只是个例，还不能作为公务员薪水低微的证据。年轻的时候穷不叫穷，那时候谁不穷啊？看职业保障也要全面看。

而且，不光如此，一旦同学们有了这个公务人员身份，你就同时具备了另外一种外部性：或大或小、或多或少的权力。

这种权力会增强主体本身的社会影响力，让人觉得你虽然还是你，但不仅仅就是你，你身上还有一个能够帮他一点忙或者“合法伤害”他的幽灵。你的平台成为你社会人格的一部分，也会成为你的无形资产。比如，你是一名警察，小流氓小混混就不敢欺负你，他见了你要么溜之乎也，要么嬉皮笑脸地讨好。但是注意，同学们，正是因为你的公务身份伴随的这种权力，其诱惑也是无穷大的。要知道，它给了多少人为民请命的机会，又毁掉了多少曾经清高自诩过的读书种子？这个问题大家一定要注意！但今天我不准备在这里跟大家讲法律人的职业道德，所以我只能简单但是高分贝地强调一下这个问题。赵老师是个实在人，我坦率地告诉大家，公务人员相对于体制外的老百姓就是有这种权力优越，就是会产生权力快感。这种权力感，是很多政治家自我实现的基本动力。有权力追求不是坏事，关键是用权力干什么事。这些问题我们今天都不展开说，我只是在这里作一下体制内外的比较。可能很多人不会像我一样把话说明白，大家经常见到的可能是大量的公仆表白甚至奉献标榜。

我还得提醒同学们注意的是，你一进入这个体制，就成为这个体制的一分子，这个平台本身所具有的光芒、能量就会映射在你的身上，很快就能让你有“春风得意马蹄疾”的自我实现感。你的收入也不低，在我们聊城，刚上班的毛头小伙子一个月也可以拿到 3000 元左右，这个钱对暂时不用考虑家庭负担、育雏的辛劳的小朋友们，是足以产生诱惑的了。

今天跟大家聊的这些婆婆妈妈大家是不是听烦了？我知道低年级的同学可能更希望利用这宝贵的时间获得更多的知识启迪，但还是那句话，我们的知识要建立在我们的生命之上，而我们早晚要认真养活我们自己甚至还有他人的生命，而且要尽可能活得更好一些。

我们接着说律师。如果选择或者被迫做律师就不大一样了。在我们聊城，同学们如果毕业选择一家律所见习，一个月生活费大概只有 1000 元，我专门打听了一下，最多的好像也只有 1800 块。听说还有不到 1000 元的，连最低工资都不到。这个收入跟进入体制的同学们相比是有很大差距的，只相当于一半。当然，律所会有办案提成奖励，但对一个刚出校门的孩子来说，这种规定也就是纸面上的奖励，因为他没有案源。让刚入行的青椒律师挫折感更大的可能还不是收入的低微，因为毕竟年轻，啥苦都能挺过来，吃点苦头不算啥，或许是不被认同的失落感，你具备法律知识甚至技术，可能你的技术比那些老同行也不差，而且绝对高于那些仅仅是混熟了各种路子的“法工”，但往往不被信任。被忽视的感觉是让人很不舒服的，大家在学校里有各种办法博得眼球，就算自己不想被人关注，只想安安静静地做个美男子，依然可以给你内心的安宁，为啥？还是那句话，我们的父母替我们支付了这个成本，让我们能既安静，又不失体面尊严。可谋生就不行啊！你真能“藐姑射之山，有神人居焉，肌肤若冰雪，绰约如处子，不食五谷，吸风饮露；乘云气，御飞龙，而游乎四海之外”？不行啊，同学们，我们只能逐渐降低自己的身段去经营自己的人脉，提高自己的品牌知名度，获得公众认可与信赖，获得更多盈利机会，也就是获得更多案源。这种压力，这种经济与精神上的双重挑战对选择在体制外耕耘的青年人来说是相当大的——虽然这并不是我们法律行业才独有的，哪一个创业者都要经历这种阶段。这种压力是以后进入体制内的同学所不容易体会的，你的工作单位会给你安排任务，安排任务的同时赋予你相应的权力，你只需要在那里等活儿干。

而且，我很清楚同学们在血气方刚的时候容易产生纯粹也有点盲目和笼统的道德感，这种道德感会让同学们在面临具体问题时选择简单但是有点粗暴的行动策略，比如可能会非常鄙视钱财，可能会在收费时产生强烈的心理障碍。这种收费，可是同学们在求学时期构筑的人格意象中所没有的，或许你们也会笼统而模糊地想到财富，但肯定会有意无意地隐藏起来不去正视它。这就让以后在体制外谋生的青年律师有了一个心结，即自己的工作不是那么高大上，我是用正义换饭吃、来搞金钱交易的。而体制内的公务人员就不会有这种障碍，虽然羊毛出在羊身上，他的工资来自纳税人，但毕竟太过遥远，不是当面收费这样赤裸裸。同学们，我不太清楚你们到底能不能体会到我这番话的意思，真是这样，孩子们。让一个纯洁的孩子开口收费，其实是有心理障碍的。但这个障碍你必须跨越，不然很多人会利用你的这种“清廉”心结白白剥削你的脑力和体力。换句话说就是，体制内的工作可以很直接地带给工作者为了公平正义而奋斗的超验的甚至巅峰式的体验，但体制外的律师由于每每必须当面把人家的钱一分一分地掏到自己腰包里，最后往往会变成“我是个商人”式的自嘲。坦率地说，同学们，体制内工作的“道义”体验的确是有律师所不能及的地方。

但是，同学们是不是认为我的建议就是大家一定要进入体制呢？或者说一定要先苦心孤诣地往体制内考，把在体制外的生存当作一种不得不面对的选择呢？不是这样的，同学们。大家如果留心，可能会注意到有不少毕业好多年一直在家里“啃老”的宅男宅女，他们年年公考、国考，就等着一次“范进中举”彻底改变自己的命运。这种想法可能在他们整个家庭里都有，这种有些扭曲的价值观念足以浪费掉任何人的大好人生——进入体制又能如何？大多数人一辈子也就跟我似的混个科级。也许，大多数人其实还混不到科级。而且你进入体制的时候假如已经30岁，要跟其他20岁出头的小孩一起从零开始，你的年龄、体力、智力跟他们比都没有优势，跟自己的同龄人比，你的资历、经验更是大有差距。而且人都是习惯扎堆的，大龄入职的人跟谁玩呢？老的不带，小的也不带，你自己的核心人脉圈就无法建立。

我这里必须要提醒同学们的是，今天我致力于对与理想、与职业、与人生有关的一些事情做白描，做一种经验层面上的叙述，我尽量做到不给大家建议，就算有点建议的成分，那也是仅供参考。这些东西，仅仅是出自我自己的狭隘视角而已，这里面有我自己的偏好，是我自己无法摆脱的胎记。同学们，我没有，至少是我极力做到不让自己的倾向成为同学们思考的前提，大家要认真对待自己的人生，就不要采用一种简单的人生态度：“赵老师说如何如何，我们就如何如何。”即便不是我，换成其他名人，大家也依然要在自己的心灵世界里以自我为主，独立思考，把他的话作为一种参考，考虑他说话的角度，他的偏好，他的动机，他行为的成本。

好，我们回到律师与政法干警的职业选择问题上来。刚才作的那些对比，大家会得出什么结论？是职业生涯开始的时候，起步的时候，在体制内是要顺畅一些、舒心一些的。但是老话说得好，三十年河东，三十年河西，风物长宜放眼量，凡事都得从长计议。

先跟大家讲一个故事，真事儿。

大家都知道，去年我们聊大法学院一路斩将夺旗，最终获得模拟法庭大赛的冠军。冠军之后，同学们回校继续学习，我就访了几个老友，有一位是做了律师的高中同班，毕业20多年没有见过，见了面当然是相谈甚欢。让我真有些触动甚至震撼的是，他们律所主任坚持要请我吃饭，他大概是听说过我的那个网名，安排了一个正规饭店请我。这让我很不舒服，我本来想着我们哥儿俩吃个烤串喝点正宗青岛啤酒，多自在。主任很健谈，而我在生人面前一向是很局促的，就僵硬地微笑着听他讲。我不知道他为啥突然来了这么一句，说“你这个同学开始求上进，如今不思进取了，现在每年的收费在所里连中游都勉强，从没上过 ×× 万”。同学们，我非常惊讶。我们有句俗话叫女不问年龄，男不问收入。人们一般对自己的收入是有保密癖好的，律师一般不会告诉你他挣了多少钱，他往往会骄傲地谦虚一句：马马虎虎，混口饭吃。我们这些干法官的，也只是知道律师挣得多，日子好过，但是我们不知道到底挣多少，瞎猜的数目只能是一种感觉，我自己一向猜他们每年能挣三四十万，没想到居然是这么一个数字。我这位同学并不是那些蜚声海外的大律师，应该算是青岛的一名中游律师，他们律所也不是大所名所，办公条件一般，大概是 20 世纪 80 年代的旧楼。而他每年就能收入这么多，就算他自己能够提一半，也差不多年薪 ×× 万了。说实话，同学们，我是个对钱非常不敏感的人，我自己是个“清廉成癖”（并不是褒义）的家伙，但这个数字却在那会儿扎扎实实地让我产生了惭愧感，我觉得自己混的不如人家。要知道，他能够给予父母的回报（他非常孝顺），给予妻子、孩子的生活都是我无法比拟甚至难以想象的，热衷公益的他能够帮助的人的范围以及帮人的程度，都是我无法企及的。这让我惭愧，惭愧的我很想等他们聊一个深奥的哲学问题，以使我能够在相对优势的领域里找到点面子。

这个故事说明什么呢？同学们？老话说，谁笑到最后才能笑得最好。大部分律师经过前几年的摔打之后，逐渐积累了应对疑难法律问题的技术能力，对人情世故的体验和经验能力，也慢慢敢于开口谈钱，也有足够的气场驾驭谈话、谈判的氛围，那么财富的快速增长就会是常态。如果我们非得要用个数字表示一下的话，那么我们基本可以用五年为期，五年左右，律师的收入会跟同龄政法干警差不多，五年之后就会越来越多。这里同学们要注意两个问题，一是可能大家或者大家的家人能够举出反面例子，说某某律师干了十几年还吃不上饭，那我只能说这是个案。我们得看大部分人的状态。二是可能同学们也有接触，某某法官或者某某警察家里几套房，名表、名牌服装等，那是另外一个问题，是腐败问题。在法官这个群体里，我可能是对司法腐败关注最多的人之一，以后有时间可以给大家做一个专题，讲一讲引入司法腐败这个变量、这个考量因素后，我们整个司法认知就会发生变化，建立在权力话语上的大量所谓正确的、先进的、普世的价值天条都会立刻显现出另外一张肮脏卑劣的面孔，但今天我们不讲。我今天只是跟大家说，如果你想合法地追求财富，让自己的人生有更多可能，去更大的世界里到处看一看，那进入体制绝对不是你的最佳选择。

以上说的是财富，我们接着谈谈工作环境。工作环境，就是我们在工作中不得不接触的各类人，而不是指我们的办公条件。物质的东西虽然能够给人带来一时的成就感，比如你进入一栋威严高耸的政法机关大楼，会在这种器物文明的震撼下激动好几天，会有成就感，但这种感觉很快就会消散。我们主要谈完成工作不得不遇到的人。同学们，我们都长这么大了，肯定也知道有些人通情达理，有些人就是偏执自大，前者我们选择做好朋友，做知心朋友，哪怕就是成不了朋友，短短的接触也能让我们身心愉悦。以后工作中也是这样，你碰到的当事人，很可能就是后者那种具备非常不让你喜欢、让你无法接受的性格禀赋。如果聊起这些当事人对我的折磨，我能跟大家聊一整天，但如今我真是从心里感激他们，如果不是他们，我对人性的观察体认不可能达到如今这个程度。而一旦你是体制内的政法干警，你就是躲不开、逃不掉这些工作对象，你甚至被要求 24 小时接待，你被天然地赋予了一种“低下”的地位：对方是光辉灿烂的群众，而你只是为群众服务的公仆。这种事情是非常令人煎熬的，我都已积累出忍耐煎熬的各种技术。但律师基本上没有这种烦恼，除非起步阶段为了谋生而不得不接活儿，他可以很轻松地“谦虚”一句“对不起，您的案子超出我的服务能力，您转一家比较大的律所吧”，打发掉。注意，同学们，我这里说的不是常态，不是说每一个案子的当事人都是这样的，以我的经历看，差不多每年碰到三四个这种很奇葩的当事人，它的比例可以忽略不计，但他们给你带来的身心痛苦以及占用你的工作精力却是非常大的。

这是外部工作环境，我们接着看看内部工作环境。同学们以后假如进入体制，如果碰到了一个既宽厚，又严肃，信任下属，给你各种展示机会，而且敢于担当，下属受了委屈敢于冲上去为兄弟们撑腰的领导，你一定要好好珍惜。因为这样的领导真的是稀缺品，不是那么好碰到的。你碰到的，也可能是那些善于玩弄权术，哄骗甚至欺骗小孩子干活儿，剥夺他们的劳动成果，出了事一推六二五的“政客”式人物，这种人还大帽子、大棍子玩得精熟，动不动就给你上一堂无比“高大上”的政治课。碰到了你怎么办？似乎没有什么办法。认了吧，忍了吧。

你要是做了一名律师，你就自由很多。此处不留爷自有留爷处，您牛您是大爷，我不伺候了还不成吗？你完全可以自由地跳槽。同学们可能会问，老师，在体制内就不能调整工作单位了吗？孩子们，天路维艰，调动工作的路可能比天路还要艰难，它的难度之高足以让人放弃对心情舒畅的向往而继续认下去，忍下去。

网上流传的不少公务员的吐槽文章都写得很好，文笔老辣生动，形象地刻画出体制内老黄牛人物的生存状态。没有办法啊，同学们。你年轻时选择进入体制，获得了体制给予的保障和安逸，那么你的生存机能就会退化，就只能无奈地接受体制内的中年危机。中年危机的滋味你们早晚要体会到！青春的力量感一天天消退，自己的前途一天天暗淡，那种绝望与沧桑到时候你们就会明白了。今天天气不错，就不聊那些影响心情的话了。

好了，同学们，虽然我并不想直接告诉大家答案，但是同学们可能已经听出来我暗藏着的建议了。但我依然要提醒同学们，一定要考虑到是谁在说这番话，而这山望着那山高是人类无法摆脱的毛病，所以，大家可以怀疑我的话里是不是有我自己潜藏着的牢骚。我只是致力于不戴有色眼镜地白描，但同时我们也知道作为人的代价之一就是我们无法选择一个宇宙的视角，一个上帝的视角，一个“三体”的视角，我们无法摆脱自己潜意识强大的迁移。我能做到的是坦诚，如此而已。就我本人而言，我是有着强烈情怀的坚守派，我知道我自己的责任。我也希望我们自己的队伍越来越壮大，可是，我仍然希望在情怀之外给同学们提供另外一种陈述——让大家获得更多的信息，有更多的选择。这同样是我的责任。

网络时代的学习

今天想跟同学们交流一个轻松的话题：网络时代的学习。学习对于幸福人生，对于同学们未来的发展的重要作用我就不多说了。想起一个小故事，曾经有一个朋友给我看他在庐山上拍摄的云海，景色非常美，他用的是录像功能，画外音是什么？我用聊城话学一遍："哎哟我的个娘唉，真傲哎！"这说明什么，同学们？一个空洞干瘪的心灵即使来到至美的事物面前，也无法获得足够的审美体验，也只能用他日常最习惯的、可以用来表达一切高强度情绪的感叹词，比如"靠""我靠"等来抒发他内心的震撼。同学们，你内心积累的美好句子与眼睛看到的美丽景色一起在脑海里共鸣交相辉映的时刻，是一种非常难忘的巅峰体验，一种酣畅淋漓的禅境，感觉天地与我同一，那种妙不可言只可以心传心的美感，是用一句"哎吆我的个娘唉”“我靠”之类的粗暴简单无法传递、无法体验的。而这种高度快感的获得，其实正是我们学习的非功利意义所在。

好，这些我们就不说了，我们聊一聊网络时代或者说信息时代的学习。我知道很多同学都抱怨过甚至猛烈地批判过自己不要沉溺于网络，不要整天“控”在微博、微信上，发了很多次坚定的誓言要好好读书，可最后往往还是只能让誓言再多一回。不光年轻的同学们这样，成年人同样对网络尤其是对社交软件没有免疫力，多少人感慨要于无 WiFi 处读书啊？故天将降大任于斯人也，必先苦其心志断其 WiFi。这其实都表达了对自己沉溺于网络的不满，希望自己不要永远被外物所役使。同学们，理性认知是一回事，能不能做到是另外一回事。这方面的文章网上有很多，也有不少如何让自己摆脱控制的建议，有个苹果工作法的软件，大家可以试一下。

我今天想谈的不是这个问题，我不想在今天的讲座中跟大家重复点击鼠标就能获得的知识，那纯粹是耽误大家时间。我想讲的是网络对学习的正面意义，它如何让一个在传统社会中不太可能获得较好学习机会的人逐渐有了凑凑合合的知识广度与深度。

大家没有猜错，我就是说我自己。

在青年人面前讲自己不太光彩的过去是很需要勇气的，单单是年龄以及与年龄相附着的辈分优势就足以让大多数老年人喜欢在青年人面前吹嘘自己的过去、夸大自己的成绩了。我不想那样。

同学们，党的十八大以后，习近平总书记大力反腐败，强调政治纪律，党风政风为之一变，以前各种带有团团伙伙色彩的老乡会、同学会基本上都看不到了。这也无意间免掉了我的一个心结。那些年每年都有校友组织山大校友会，就是一起吃吃饭、唱唱歌，联络一下感情。据去的朋友说，连钱也不用交，一些很成功的校友，人家自己把酒宴费用包了下来。但我从来没有去过，不是我对母校没有感情，更不是我摆谱自命清高，而是我心里无法跨越的一个心结，浓黑的悲凉。我最怕当众介绍我自己，我是山东大学法学院 93 级的，我要不要跟人家说明我是专科的？ To be or not to be ，that’s a problem. 所以我从来都是逃避。可你不能永远逃避啊！生活中总能碰到要揭开这个伤疤，让你脸红心跳泪流满面的时刻，比如哪个单位招考要求全日制本科。这些其实也不是我今天说的方向，那是另外一个话题，自卑感及其克服。有这种痛苦的同学可以课下与我交流。我今天自我揭露只是说明我离开校园的时候只是一名专科生而已，那时我知识的贫乏干瘪可想而知。

后来参加自学考试，还不错，是聊城第一批法学自考本科生，我的自考毕业证好像是聊城第6号。考下本科，就开始考研，我好几个同学都是跟我一样的专科基础，后来成功地考上研究生，彻底改变了自己的职业生涯，也可以说改变了自己的命运。比如厦门大学的郭春镇教授，还有你们的王仰文教授，他们当年都跟我一样是个专科生，我们就是在考研过程中成为好朋友，但人家最后都考上了博士，而且都是名校名门，实现了人生的新高度。我呢，几次都是擦边球，而且说实话同学们，今天我本来准备聊这个话题，就是聊聊社交过程中的勇气，但时间恐怕不允许了。我当时考研如果大胆一点，去学校里争取一下调剂或者委培名额都是有可能成功的，我的分数其实都不算太差。但就是强烈的社交恐惧阻碍了我，我有一次鼓足勇气跟文正邦教授打电话，结果说着说着就结巴了，然后魂飞魄散地挂了电话。考了三次以后，就已经到了2001年，我儿子就出生了，我已经没有时间再做自己了。我只能后来在职申请了一个法律硕士学位，属于硕士学位里面最水最水的一类。

同学们，我这里跟大家说这些不是想让大家嘲笑或者同情我，我是想说其实我在正规教育体系里面并没有得到足够的教育，虽然它们给我打下了一定的基础。我今天能够在学校里给大家上课，还能赢得大家的认可，凭借的东西其实更多的是后来自学的。而且，同学们，我越来越发现，我的这个自学也只有在网络时代才能取得一些效果。

同学们在学校里学习的时候可能会很讨厌老师，很烦，觉着啥事都得被他牵着鼻子走，无法按照自己的学习兴趣来。可离开学校，觉得最大的问题就是没有人指导，更没有人交流。你就是跑到书店里逛上一圈，其实也不知道到底该看哪些书。而且，你看了书，费了好大力气啃了一本，都不敢确定自己是不是真的看懂了。同学们可能会说，不是有学术刊物吗？不是有学术文摘吗？可以从那里面得到信息啊。同学们，人类的思想使用语言表达的过程就是一个信息衰减的过程，我们在逻辑课上做过这样的实验。而使用书面语言表达，信息衰减得更厉害。何况，有些文章只是用一大堆概念空壳搭起来一个空架子，让青年后生望而生畏，你不敢怀疑他的话，也不知道他到底说什么，只能是晕晕乎乎地不明觉厉。而面对面的交流就能够基本解决这种问题，老师想装出样子端个架子也没有办法装了，他必须说人话，我们跟老师在用人话交流的时候，也就是我们真正理解理论、真正提高水平的过程。

同学们，我只是一个基层法院不入流的小吏，我不可能通过工作接触到学者，更别说请教了。有时候上级法院培训，也能请到一些知名教授来开讲座，以我这种社交能力，我哪里敢上去请教？我心脏剧烈跳动一番，勇气三鼓之后最终还是三泄，不敢上去问问题。哪怕心里不停地涌动着对他的怀疑，也只能嘲笑自己功力浅薄，然后狠狠地挖苦自己一顿让问题消散。

打开我视野，给我与学者请教、交流的机会，以及甄别对方机会的是微博。如今工作很忙，我也基本不在微博上说话了，但我一直非常感激微博。因为它给了我那么多机会！在微博这种相当自由的舆论场中，你不用再在心里给自己加油打气，就可以平等地跟一些开微博的学术大牛交流。而且，只要你的发言够分量，不久就会有互动，你也可能从他那里得到更多指点。你也能发现有些人不过是欺世盗名的草包一个，有些人不过是摇旗呐喊，并没有任何问题面对能力的、缺乏必要智力的“公共姿势分子”而已。你同样还能发现震得自己浑身打颤的扫地神僧！你不知道他是谁，但他一句话就功力毕现。这么多年下来，我通过微博认识了不少顶尖好手，而且一直跟他们保持着信息时代的友谊，惠我良多，我感谢他们。大家如果看过讲述六祖慧能生平故事的《坛经》，就会知道那时候有多少求法的学子为了“证明”而跑遍千山万水啊！要耗费多少时间，多少财力啊！说不定在路上就被豺狼虎豹吃了，被劫匪抢了杀了，但为了搞明白自己是不是真正得了佛祖西来意，就不惜付出那么大代价。知识的成本曾经有多么高？如今在信息时代就只是鼠标一点了。

“吾生也有涯，而知也无涯”，庄子说的其实是没有必要追求各种技巧，守拙是养生要务。两千年前如此，信息时代更是如此，我们想学习，想求知，书、文章哪里看得过来，就算我们悬梁刺股要读书，又哪能买得起这么多书？学术刊物大都是综合性期刊，我们的兴趣只是这么一个方向，一期只有一篇文章适合自己，买一本书就不太划算。这个问题，微信不是帮我们解决了吗？那么多优秀的公众号都是免费让我们看文章的呀！而且，一个公众号往往就集中在一个学术视角，不像学术期刊那么庞杂，他们出于阅读量的算计，还都要尽力挑选好文章。如果大家有兴趣，可以在文章后面留言，说不定作者就会回复你的话。

还有，同学们，我们在聊大学习，能够聆听大腕讲课的机会可能不多，这可能不光是因为经费问题，还需要机缘巧合。课堂讲授的效果跟看他们的书、文章还是不一样。因为讲课的对象是学生，他要让学生听懂；而文章的对话伙伴其实是行业内的其他高手，他要说服的是同侪。但这个问题如今让喜马拉雅解决了。我以前也知道有网易、新浪公开课，可那都是视频，下载文件大，一下载就得等半天，而且非常耗电，所以我虽然手机上安了公开课的 App 但基本不怎么看。上个月有朋友给我发来一套朱老师讲的课，我听得津津有味，后来注意到它的运行软件是喜马拉雅，就下载了一个，再一搜不当紧，那么多好东西！同学们，我以前从来没用过耳机，现在听喜马拉雅就用上了耳机，我做饭扫地拖地走路健身骑行的时候都在听它，开车的时候就用蓝牙跟音响连起来。我觉得这生活太美好了！以前我做家务的时候会生闷气，凭啥光我干活啊！如今，哪有时间想那些破事！

同学们，我这是跟大家介绍了三个应用，其实还有很多，我直到上个月才知道有喜马拉雅这个东西，大家接受新事物的能力比我强得多，肯定能够在网络上找到更多、更便宜的学习资源，更有效、更便捷的学习方法。大家不必看到有些文章说国人不读书，一年才几本书，俄罗斯人读多少本犹太人读多少本，就心生惭愧，开始一轮强烈的国民性批判。我们的微信阅读其实已经是海量了。发明纸张的民族，很可能最先超越纸张。

信息网络极大地改变了原有的秩序结构，让世界变得扁平，知识的权力结构也因此发生变化，知识不再昂贵，不再那么稀缺，变成了你只要用心就能获得的东西。同学们，想一想以前我们弄这些知识需要多少时间需要多少钱？有知识的人是怎样雄踞知识权力体系的顶端！他们的知识要卖多少钱！一日为师终身为父，卖给你还不算完，还要当你一辈子爹。在如今的信息时代，这种结构已经轰然倒塌了。这个时代给了我这样一个传统教育的失败者、一个无法进入森严壁垒的传统知识传授权力体系的失败者重新学习，进而成长的机会。我感恩这个时代，我不会、绝对不会把自己学不下去的原因归结为网络影响如何如何，我也希望同学们也能够从我的经历中得到一点启发。

这些年也多多少少写了一些东西，也得到不少心中偶像的表扬与鼓励。但我长期以来形成的心理阴影，让我很难走出自卑的泥潭。如今虽然已混到编辑约稿的地步，但我把稿子投给对方以后心里依旧是诚惶诚恐，觉得人家能用我这样人的稿子是人家自降身价，直到有一天某编辑跟我说：八爷你再这么谦虚就是看不起我们编辑的眼光——同学们能想到这句话给我的安慰吗？这句无比暖心的话我会记一辈子。

心灵的成长并不必然伴随着年龄阅历的增长，走出自卑靠的还是学习的力量。希望我的这段不怎么光彩的故事能够给同学们启示，更好地利用网络时代给我们这些——坦率地说在传统教育模式里面不是太成功的孩子们更多、更平等的机会，不断提高自己，尽量达到自己人生的高度。

来，带你在东昌路上调个头

朋友打电话过来，约我们几个老哥们一起聚聚，怕我躲酒而找话推脱，对我说车已经开到我家楼下了。这话应该是真的，因为我已经听到他在楼下得意的笑。

在我眼里，朋友属于那种深藏不露的低调奢华人士，家里有好车好房，但那辆奥迪基本不动，他平时就开普桑。20世纪90年代大学毕业，他被分配到一个国企，没几年下岗自谋生路。这些年苦挣苦熬，从无到有，积累了让我们羡慕的家业。我们几个总结他成功的基本经验，除了让人心疼的拼命干之外就是小心，异乎寻常的小心。大概是下岗对他造成的冲击力太大，他始终有清晰的避险意识，知道自己没有什么靠山可以依托，所以每一步都走得很谨慎。

他也认可我们对他“小心”的基本判断，曾经很油腻地向我们传授自己的人生经验：“我这个人谈不上有多高尚，但我从不干违法的事。”这话倒也不假，他对规范的遵守几乎到了一种变态的程度，干点什么事情都要事无巨细地作法律风险评估，我常常为满足他这种守法偏执而累得口干舌燥——他把我的知识储备算作免费午餐，而且钻牛角尖似的往死里问。

在我看来，守法已经从他主动选择的避险自保策略，变成了他下意识里的自觉行动。比如他驾龄近 20 年，居然没有一次违章，没有被罚过一分钱。开车的人都明白，这看似平常的成就里面得有多少战战兢兢、朝乾夕惕啊。

我原以为他会坐在外地牌照的 A6 里冲我按喇叭——对这种藏富成癖的家伙，哥们儿是他们唯一能够释放自己炫耀欲的场合。低调已经成了他的保护色，在这种保护下面他才有点起码的安全感。在我们面前，他能够释放层层盔甲给他带来的心理压力，他能够得意洋洋而不再需要装作谦虚。他一边展示自己如何逆向理解政策精神从而一次次把握机会在商场游刃有余，一边用从 20 世纪八九十年代 TVB 里学来的演技来展示新兴资产阶级的奋发有为，继而用他囊括一切的法治精神指点江山。没错，尽管他几乎不懂任何法条，都要往死里问我，但他坚定地认为他比我更深刻地理解法治的本质。

没想到他居然拍着一辆半旧的电动四轮车的壳子冲我喊：“老赵，这边！”

好奇心压抑住我心里“装穷上瘾”的恶损，问他咋开了个这东西。他没有理我，一把把我摁到这逼仄空间里的硬椅子上，又跑回驾驶座，打开“油门”之后对我说：“路上聊。”

路上他跟我讲这东西有多么方便，想咋拐弯就咋拐弯，不怕堵车，接孩子有多么方便。开始买的时候，他媳妇骂他败家，现在两口子放着奥迪不用，抢这东西开……后来他讲了“效率的需要”之后就开始了总结，依旧是一副压抑过多终于释放久旱逢甘霖的样子。

吹呗，哥们儿最大的用处就是可以不计后果地尽情吹牛。然而他还是在兴奋之余过了头——只顾着吹，忘了看路，该靠边的时候忘了停。刚要开口骂他晕，他一把打过方向，调头往回开。

这种车基本上没有什么减震，猛烈的调头让我俩都有大幅度的摇晃。摇晃似乎进一步激发了他的得意，“怎么样，这车牛不？想咋开咋开！”

肚子里一下子涌出了许多怒火，然而我还是没有发作。想仰身放松一下，结果头碰到小车垂直于地面的后窗玻璃，腰也没有缓解它的酸痛。这种种不适变成一句愤恨的嘟囔："兔崽子让我当了一回韩寒。"[①]

他调头的这条路是东昌路，聊城的主干道。要是攀龙附凤地说一下，基本上就相当于北京的长安大街。聊城虽然是个3+n线以外比较大的城市，但对东昌路的管理同样非常严格。随处可见的高清摄像头，让所有的车主都文明礼让起来，不但在路口规规矩矩地红停绿行，遇到行人过马路，也会非常绅士地停下。然而当绅士们拐出东昌路，来到还不算太偏远的地方，比如我们单位所在的昌润路，就立刻彪悍勇猛起来。在这条路上，你要是再指望汽车礼让行人，那么你一定清楚它的大概率后果是你儿子得到一笔不够他交首付的赔偿。

不是东昌路上的人性更高尚、公民素质更美好，而只是因为那里摄像头安得多，那边国家治理的力度更大，那边法律的权威得到了更好的保障。法律需要成本，哪里投放得多，哪里

① 韩寒有一篇文章《来，带你在长安街上调个头》。

就治理得好。

而我这位朋友是在东昌路上肆无忌惮地调头往回开！这大违其日常行事风格的动作，其实也不难理解。电动四轮，没有牌照，监控纵然拍下来，也是无可奈何。

隐瞒了身份，让他呈现出与平时完全不同的面孔。没有守法成癖的谨小慎微，有了大胆僭越的妄为。功利主义取向的遵守法律，在确信惩戒不会来到的时候，一定会变成机会主义式的守法，或者说白了，机会主义式的违法。

我愤愤地骂着他，他嘻嘻哈哈地笑着。我没有看到旁边司机的眼神，也没好意思看人家。这个感觉大概跟韩寒在长安街上享受调头待遇时的不舒服类似吧！只不过，韩寒在承认自己心底的羞愧时，也坦率地说出了自己心里的几丝得意。毕竟，享受到特权，享受到超越法律的特权，哪怕就是跟着享受一次，也是让人快乐的。韩寒是个很有勇气直面自己的人，他承认有十秒钟特权在手时的膨胀，而我这回则完全是在被迫无奈的羞愧中，身子使劲往下面缩。

不过，在十秒钟的羞愧之后，我不是也生出几点不愿说出来的窃喜？我嘴上骂着他不讲规矩，心里不也想着要不要买一辆这玩意儿开？想用这种方法一边享受着政府基于身份公开所提供的交通秩序的便利，一边隐藏起自己的身份而不为这秩序贡献任何成本？

是啊，我也一样。比我这位朋友好一些的是，我没有把这种行为付诸实施。这好像也算我这些年长期夜半扪心的善报之一，有了恶念，能够降服住。

我一向对横冲直撞的电动汽车是深恶痛绝的。我常常恨恨地嘟囔，这辈子最大概率的死法应该是被这东西撞倒。它的速度不亚于汽车，它不菲的质量决定了它在那么大速度下撞击的效果不会比汽车差。它可以随意穿越各个车道，不需要观察信号灯的颜色。它的存在让你不敢相信红灯亮的时候车都会停下从而放心地走过横道线，它的存在同样让你不敢相信正在前行的车辆不会突然间调头转向你——就像我朋友干的一样。

然而，就是这样让我痛恨的电动四轮，我依然会为享受到它实实在在的便利而窃喜了十秒钟，它依旧让我看到了心底动物性的越轨本能。

事情过去很久了。如今唠叨这件事，当然不是要批判我这朋友，因为那天晚上我们几个已经把他骂了个狗血淋头。我只是想说，机缘合适的时候，无论是他这样有强烈避险意识的、看起来已经把“不违法”写进下意识的守法商人，还是我这样日日勤拂拭的公门修行，都会有越轨的行为，至少是越轨的冲动。如果我们真想做到跟我们自己所宣称的一样守法，就必须敢于承认这一点——所谓诚其意者，毋自欺也。

最难拒绝的贿赂

品行修养要在“事上”堪磨，没在“事上”磨砺过的大写人格，也只能是个说嘴，是个“所谓的”而已。治却自家心里的不干净不纯粹，还是需要身临其境。要是不在滚滚红尘中经历一番酸甜苦辣，躲在山林龙泉里空谈高妙，恐怕最终也只能是个知解和尚，说得，行不得。时间久了，自己把自己当成了无所不能的大圣，没准就会成为辩才无碍的妖僧，让可怜的女众在“淫即不淫”之类的逻辑混乱中丢掉法身慧命。好在人头三尺，湛湛青天，报应虽然迟了些，最后还是会来的。

或许正因为知道正心诚意的难处，所以才有那么多其实没有多么高尚、只是喜欢高尚的人要躲开人世人事，要到没人的地方去空想自己的情操。对这些人，我年轻时也向往崇拜，如今想起则只是微微一笑。道德表演有很多种手法，这也算其中之一。谈论高尚很简单，只不过需要一些华丽的辞藻。而要让它知行合一到自己的生活与生命中，则一定是一件很困难的事情。

就比如不要人家东西这件小事吧，如果真的要彻底地、不自欺地当成自己的本能反应，当成自己下意识里的主动需要，不这么办就自己看不起自己，心里就不踏实、不舒服，还真是需要费上一把子力气，是不那么容易的。

不要人家东西，用个高大上的词拽一下，就是清廉。一个在真实的权力场上砥砺过情操，一个真的是靠为权力打工挣粮食吃的家伙，一定会明白保持这个东西，的确是有些难处。如果这事情像食色一样是人的本性，那么我们也不会见到那么多的人被抓，也不会见到更多的人被骂。保持廉洁、维持廉洁，都有它的成本，这个代价足够大，以至于很多人会贿到临头的时候放弃对它的坚守。

不过，老辈人有句话：明白话要说给明白人。这在权力交易场上心头滴血的体验，要是说给意气风发的青年，或者说给只是拿清廉的要求盘剥他人的官僚主义者，换来的也许只是老奸巨猾的羞辱以及境界低下的批判。他们会说“莫伸手，伸手必被捉”之类很本质主义的话，而不知道被捉的概率决定了在大部分很小数额的权物交易问题上，清廉都只是一个主体个人的选择问题。

有些人会拿清廉的成本当借口，让自己收受贿赂时有个说得过去的理由。理由很多，而且看起来都那么贴心可人，让人不好意思推却。比如，不收人家的东西就会得罪人家，收了人家会舒服一些，还能成为一辈子的朋友；还比如，不要人家东西，那人家根本不会认为你给他费了心尽了力，还以为这事情很简单，或者以为是其他人帮的忙，自己连个人情也落不到；还有，又不是什么值钱的东西，无非是些烟酒糖茶，你硬退回去就会让人说你装，或者怀疑你图谋更多、更大的东西……理由还有很多，总之水至清则无鱼，你不主动索要，人家给你个三五百元的东西，何必非得上纲上线，撕破脸皮呢？

这些理由我大多都无感，从来不放到心上。我不是体会不到这些话背后的道理，以及它们可能产生和实际产生的后果，我也不是不在乎，不是没有“遭验”过这个小城的半熟人社会里重复博弈场景下坚持“让自己爽”的行事方式所带来的麻烦。但我还是很顽固地坚持着，我常常在礼貌谦恭的拒绝下面，于心里狞笑。我得意地看着自己又一次的胜利，我常常发泄似的使用“行贿”这样极度冰冷的字眼来羞辱对方——你既然拿着钱物来羞辱我，我为何不拿这残酷的让你恐惧的词汇来羞辱你呢？想在我这里用财物上的优越地位获得恩赐者的心理优势？想用包裹着人情世故外衣的文玩阿堵看到我老赵脸上也泛滥起贪婪的喜悦？从而让你“当官的没好人”的世界观再次得到验证？让我在你面前败下阵来？去你妈的，我只需说上几句话就能让你在我面前羞愤欲死了。

所以，我常常是个胜利者，就说我是个阿Q吧，我也要自己审判自己的灵魂！

然而，我还是会失败的，还是会在一种贿赂面前失去这种战斗者的喜悦。我知道自己拒绝里的虚声恫吓，让我常常怀疑自己行为里的自私。

胜诉的当事人不是都感激法官的，如果傻乎乎地以为胜诉的当事人都会感谢法官，那么他的审美一定还处于看电影先看哪个人“好”哪个人“坏”的阶段。很多胜诉者不但以为自己该赢，而且以为你好几个月才给他开庭一定是对方找了你，你收了对方贿赂，但是自己这一方实在是太正义了以至于你收了贿赂拖了好几个月也不敢让自己输；他们还会说诉状上要求的数额有限是因为觉得法院太麻烦，要不一定还会增加不少，那意思是说我选择你们审案子是我对你们的信任与恩赐，你们还应当为我如此收敛的诉讼请求而感谢我；还有人秉着不知从哪里来的傲慢和无知，拿着胜诉的判决书后告诉你“我知道北京俺六爷爷给你打招呼了，你们都听俺六爷爷的”，让你恨不得一脚踹在他屁股上，相当于打在他那“六”得很神奇的六爷爷脸上；也有人会拿一副亲王府行走的神秘眼色，用柔软多汗让你恶心的手摩挲着你的手，从荡漾着没有被排空到大肠、积累在下垂胃囊里的食物腐败恶臭的口腔，用压低的声音告诉你他的手机号，告诉你有事可以直接给他打电话，让你愤愤然以直白的恶感迅速中断这场对话，然后跑到水龙头那里把手洗去一层皮；还有人拿到胜诉判决时不惜霸占你的时间，甜言蜜语、大喊大叫要敲锣打鼓给你送锦旗，可就在你因为无法给对方当事人直接送达而不得不公告送达时，他立刻说你耽误了他实现权利的时间而要去纪委告你，而忘记了他前几天感谢你时念叨最多的就是：“折腾了这么多年的案子，在你这儿开完庭第二天就给我判决，这效率，打死我也没想到。”

胜诉之后，给你一个感谢的笑脸，说几句真诚的感谢的话，是很少见的。这让我觉得遇到了好人，觉得自己的心思没有白费。感恩是人性中的稀缺品，稀缺到碰上了就觉得阳光灿烂，就像中了奖。拒绝感谢的人并不是有多坏，逃避感谢其实是人类进化出的本能反应，超越这种本能的人，是占比很小的好人。

是的，我知道有“不求回报”“不求感谢”之类更伟大、更正确的说辞在绞杀着我以上比较庸俗的趣味。不过，我依然要说，我是不图人家感谢自己什么，我完全知道我没有为他多付出什么，纳税人就是因为我的工作才养活我，我也知道有些人打着感谢的旗号只是想给你多说话，占用你的时间，找到他的存在感——但遇到感激的、真诚感激的脸庞、眼神甚至泪水，我依然会颤抖，我的眼睛会发红，眼泪也会不争气。

很可惜，我常常伤害这些人。

因为，他们行贿。

案子判了，甚至判过去好久了，我都忘了是什么案子了。这时候他突然来了，带着羞怯和惊慌，给你送上他们精心挑选的东西。而且，真的是精心挑选。有一次，我很奇怪一个胜诉的当事人为何老拖着不来领判决书，责问她时，她怯懦着说她家里反复开会讨论如何感谢我、给我买点什么，耽误了时间——我的眼泪那时就很不争气。我知道又碰上一回好人，我立刻后悔为何没有在判决书上再多臭拽一些词汇，虽然我也知道，这种以强化说理为名的臭拽的真实意义只能是在同行面前炫技，但这时候我就觉得：判决书写得越长、越漂亮才越能对得起人家的心。

不争气的眼泪，最终还是会变成我的反抗和杀戮，狠心的、滴血的、残暴的杀戮。

我开始会礼貌地拒绝，会请她或他理解我。对方在我不曾现于法庭上的谦和、谦恭的鼓励下变得勇敢和坚决，说这是他们一片心意，案子已经审完，这也不是“送礼”（是的，大家都不敢正视“行贿”这样的字眼），请我一定收下，不然就是嫌少或是看不起她或他。

我还是会谦恭地解释，但慢慢地我的心态和脸色就会变，心底那知遇的泪水凝固起来，拧在一起开始狞笑。我开始反抗了。

你凭什么要拿着这些东西来控制我？！我为什么一定要接受？！我为什么一定要把自己的时间、自己的心灵自由浪费在反复向你讲明我的立场上？！我凭什么还要“求”着你不要把东西留下？！以为我真不敢把它上缴？！（坦率说，真不敢，蜂拥而至的恶念退下后，我依旧不愿意伤害这样的好人）你为何一定要在我面前找到人格优势，为何我一定要匍匐在地上祈求你这样一个行贿者？！

心底的恶魔狞笑着，让我拿起贫瘠词汇积累里那一把把锋利的刀。恶魔鼓励我：向前！向前！去完成这场杀戮！

然而，我退缩了。我不忍心看那目光里的绝望，因为我知道杀戮开始的结果，我知道，那一定是对方人生中持续好几年的梦魇。我有这个力量，这力量用在这样的好人身上，就是邪恶。

我会继续冷酷地祈求理解，用阴鸷、阴冷的目光盯着她，告诉她你说的我都懂，但我怕报应。受人一粒米，披毛戴角还，你不能只顾你自己的一时痛快而不让我忘掉我一家妻儿老小的平安。最后这句话，其实已经是在杀戮了，好在这话我没有说出口过。对方一般会在我祭出报应论之后给以恍然大悟似的理解和轻松，基本也就不再坚持。

然而，我是不怎么信报应的。我是曾有过对报应的坚定的信念从而对它有着顽固的路径依赖，但统计意义上的经验观察让它一次又一次破产。“清廉自守、忠诚勤勉、宵衣旰食——官至虚八品”，这话怎么听怎么像是没有包袱的反讽。我图的不是报应，我图的只是自己爽。可这些理由又怎么能说给对方？我也只能用报应论这种很没有智力含量的语言，用这种在对方面前智力降格的方式羞辱一下自己，让对方把东西拿回去。人家听到我讲报应论之后，为何那么轻松？因为人家明白，这个看起来威严的家伙其实有着孩童似的愚蠢和天真。

在道德人格上我完成了胜利，然而我可怜的智力只能拿出来被人鄙视了。然而我又有什么办法呢？！

自己坚持了这么多年的东西，不想在任何一个人面前败下阵来，不管对方是好人还是坏人。至于自己的坚持有没有意义，则另有一番道理。就好比一个妇女守了几十年望门寡，即便谁都知道这坚守的荒诞，但总不能逼迫她放弃自己的坚守吧？这对她自己是一个满足，是她的自我实现，她能够做她自己心灵的审判官。

我也一样。我残酷地屠戮、欺骗这些善良的报恩的灵魂，自私自恋地实现自己对自己的喜欢。我，很自私，也很坏。

我想向他们说一声对不起。

可是我又有什么办法呢?

——谨以此文献给曾经被我残暴伤害过的、有着最朴素善良人类情感的人们!

后记

半途列炮

年轻的时候喜欢下象棋，这爱好因儿子的出生而丢掉了。那些打过的谱、琢磨过的局也都忘得差不多，那些在象棋上浪费的精力也和我浪费掉的其他岁月一样湮没在时间的流里。它多少对我还有点影响，多少还在脑子里有点痕迹的东西，也就是这被我望文生义、曲解了的一个局名：半途列炮。虽然我也清楚半途列炮是斗炮的一种，硬朗彪悍，属于进攻型开局，但我打一开始见到这个词，就不知从哪里冒出一股子邪念，觉得它暗含着“准备不足的情况下仓促应战”的意思，从而下意识里不喜欢这个开局。

然而，20 年过去，我好像一直没有走出这个局。我似乎从来没有谋定后动过什么事情，那些我认真准备过的东西反而从没有被命运认真对待过，它们都无一例外地打了水漂。构成自己人生履历的一些事情，基本上都是一些意外，我大约永远是在突然地、被动地在半道上应付各种意料之外的事情。这每每让我想起这个棋局，让我感慨“棋如人生”。只是，在这已经过去的大半生中，应验的不是这个局名原本蕴含的狭路相逢勇者胜，而是我误解误会的半路出家。

正如大家看到的这本小册子，也是从来没有在我心里计划过、盘算过的，它同样也是个意外。但这次意外与我经历的大多数意外不同，它是个意外的“喜”。坦率地说，出书的事情我不是没有幻想过，因为毕竟念过几年书，对字纸的敬畏让自己下意识里向往与有荣焉。但我的确没有想过在目前这个状态下写出一本书来，我觉得自己配不上那种称之为“写书人”的神圣和光辉。在佩琳老师约稿的时候，我本能的惊喜之后紧接着就是阵阵惶恐，脑子里浮现起的词汇居然还是我误解了 20 年的“半途列炮”。人啊，想打破自己的遮拦与魔咒，的确很难。

不但成书是个意外，书里面每一篇文字也都不是我做足功课之后的产物。这是实话，不是我为文章质量粗糙找的托词。它们大都是我在受激于时、事或论争而心生抗拒或喜悦时放纵情绪信笔写来，写的时候大多只顾宣泄畅快而忘记自己对话题其实并没有多少把握。气头上、兴头上说的话，也只能“当时为是”，心情平复之后回头看，则常常是惭愧以及羞愧。在我生活的这个鲁西小城，偶尔也有朋友夸我文章写得不错，这时我总忘了人家只是礼貌性敷衍，非得呆子似的追问人家具体说的是哪一篇——这不是我的自恋，而只是我想确定一下人家认可的是不是我稍微不那么羞愧的几篇。

事到临头的时候，势使之然，不写难受；写完之后，又心生羞惭，懊悔自责，发狠以后再也不写不论不让自己献丑。然而，到时候依旧会愤激起来，会忘掉自己的半瓶子醋而摆出架势，码出一行行的字。

我怀疑自己，甚至有点怀疑佩琳老师，怀疑她决定把这些半途列炮的东西结集成书的决策是否正确。我总忍不住窃窃怯怯的想，佩琳不会后悔吧？她的领导不会因为她择书不当而处罚她吧？……就是在这双重的怀疑中，我盼望着成书的殊荣又在忧惧里拖延。然而佩琳老师最终还是帮我下定了决心，让我在对她的感激中产生了超越的勇气，让我决定要面对这本书了。

书里搜罗的文章大都是我近年写的一些评论，也有在学校挂职教课时跟同学们交流的讲稿。写它们的时候虽然没有刻意选择一个主题，但集合在一起却也能看出这些文字基本都与法院、法官或者说法治有关，即便是讨论心灵和成长，那也依旧是围绕“法”而展开。这是我的命，这个命决定了我的视野只能狭小到这个范围。

如果对自己的文字做点反思、做点总结，说说它们有啥弱点或者缺点时，我想这个点应该是“我执太重”。我不仅写进去自己的亲历、体验和观察，而且大段大段地写入了自己的反观内照，把自己不断自省追问的东西都借着写作吐了出来。常常是一稿下来，已经把自己剥得鲜血淋漓。我一刀一刀地剥我自己，剥我的伪装，剥我的矫饰，疼痛但是欣悦。虽然我并不是每篇文章都在写自我批评，但那些外向的刀刃其实都首先绞割过我自己。我不是刻意追求这种文风，这只是我的自私，我希望我所学过的所有东西都能先让我自己成为我想象的样子，就算不能让自己生出光明，至少让我更纯粹一点，让我更接纳自己。至于这些打动自己的文字有多少对外的说服力，有多少对外的效果，我是从来没有奢望也没有多少信心的。我能够确定的事情只是：我要向大家呈上一种真诚的、实践的、经验的甚至体验的观察记录。如果这种记录能够增加一点大家对法院、法官的了解，能够在当下中国增加那么一丁点儿的互相理解，那就会是我最大的荣耀了。

在别人后记中读到致谢部分那一个个璀璨名字的时候，也曾幻想过自己要感谢很多人。但一个自卑到浓黑程度的人纵然心里的感恩炙热滚烫，同样也是羞于说出。我深怕我的庸碌损伤了老师们的英名，我也战兢于有人说我“借大爷出名”，被骂“你也配姓赵”，虽然我一直真的姓赵。但有几位老师，我冒着被骂的风险也要感谢，因为，我还有良心。

感谢朱苏力老师。但必须声明的是，这里的老师仅仅是我对朱苏力先生的敬称，我不是他任何意义上的学生，我真的不配。朱老师不“以我卑鄙”而教我友我已有好几年，然而我依旧有点恍惚这交往的真实，我还是常常为与如此睿智的大脑接近而骄傲和激动。我一直向老天觊觎一次恩赐，希望它赐我一段通畅的文笔和足够的胆量，让我能够表达出我对朱老师的敬意，但它对我一直没有这么慷慨。我也只能用最简单的词汇向朱老师说一声：谢谢朱老师。

感谢陈金钊教授。我虽然是金钊老师教过的学生里面档次最差的一类，我都不大好意思自称自己是陈门弟子。但金钊老师真的是耳提面命教过我的老师，他给我的那些严苛的逻辑训练，直到如今还让我受益。而且那些曾经让我觉得是屠龙术的解释方法也常常在我遇到的疑难案件中显示它们的神通，这些思维技术都成了我安身立命的根本。

感谢肖金明教授。肖老师是我大学辅导员，而且，这二十几年来，我一直都没有走出他慈祥、宽厚又严厉的眼光。我一次又一次地让他破灭了对我拳拳切切的期望，而我清楚地知道那对学生失望的滋味。累累辜负如一床床浸满泥浆的棉被一般压得我极度胸闷，而我除了愧对老师之外，依旧是无路可逃。

感谢阎克文先生、杨海鹏先生、方绍伟先生、刘学军先生，感谢郭春镇、桑本谦、侯学勇、葛洪涛、曹磊、姜东良、刘诚、柯岚、袁方、李北方、萧武、常安、陈柏峰、王启梁、王烈琦、戴昕、李晟、于明、林海、杨昂、鞠成伟、李斯特、刘忠、郭瑰琦、郭殊、田雷、尹成波、尤陈俊、章永乐、凌斌、郑戈、车浩、陈杭平、吴洪淇、程啸、兰荣杰、尹飞、彭才栋、董向慧等学者友人。是他们，让我这个传统教育体制的失败者在信息时代获得了知识与智慧上最优秀的指点。

感谢杨瑞雪、范冠卿、杜同勇、房勇、张文智、刘冰、马龙虎等我所有的好朋友们，很抱歉我无法一一写出大家的名字。感谢与我一起有着五味俱全工作面对的同事。感谢你们给我的友谊、温度、支持与帮助，感谢你们一次又一次陪我走出情绪低谷。这些陪伴构成我人生的基本记忆，永远不会被我忘掉，我也希望有生之年能把我们一起走过的时光写到一本像样的记叙里，如果这记叙里有某个句子打动了你，请相信那就是我专门写给你的。特别要感谢我的助理孔艳，是她的勤勉细心让我有了终身责任重压之下的绝对信赖，让我永远有着把文书写完扔给她之后就万事大吉的轻松。

感谢我的妻子和儿子。我很少在外边吃饭的原因其实是我每天都会很想他们。每天下午下班前，在体力和情绪的双重疲惫都达到顶峰的时候，我唯一的念头就是回到家里，回到妻子与儿子身边，回到这个我们都可以肆无忌惮打闹嬉笑欢乐的地方。谢谢你们，也谢谢老天让我有一个如此慰藉我、愈合我的家。

最后，谢谢王佩琳老师给我这样的基层小吏“写书人”的殊荣，这信任让我有着惶恐的感恩。这惶恐不仅是因为对拙劣文字的自惭，更是因为我不知道该怎样回报她的信任。也只能再次郑重地说一遍：谢谢佩琳。

图书在版编目（CIP）数据

法治的追问：基层司法观察笔记 / 赵耀彤著 .—北京：中国法制出版社，2020.11

ISBN 978-7-5216-1474-9

Ⅰ.①法… Ⅱ.①赵… Ⅲ.①司法—工作—研究—中国 Ⅳ.①D926

中国版本图书馆 CIP 数据核字（2020）第 229260 号

责任编辑：王佩琳（wangpeilin@zgfzs.com）　　封面设计：周黎明

法治的追问：基层司法观察笔记

FAZHI DE ZHUIWEN: JICENG SIFA GUANCHA BIJI

著者 / 赵耀彤

经销 / 新华书店

印刷 / 三河市紫恒印装有限公司

开本 / 880 毫米 ×1230 毫米　32 开　　印张 / 8　字数 / 131 千

版次 / 2020 年 11 月第 1 版　　2020 年 11 月第 1 次印刷

中国法制出版社出版

书号 ISBN 978-7-5216-1474-9　　定价：39.80 元

北京西单横二条 2 号　　值班电话：010-66026508

邮政编码 100031　　传真：010-66031119

网址：http://www.zgfzs.com　　**编辑部电话：010-66038139**

市场营销部电话：010-66033393　　**邮购部电话：010-66033288**

（如有印装质量问题，请与本社印务部联系调换。电话：010-66032926）